本书出版受2012年国家科技支撑计划项目课题“织锦文化及遗产景区数字化地理信息地图”(课题编号2012BAH69F01)资助

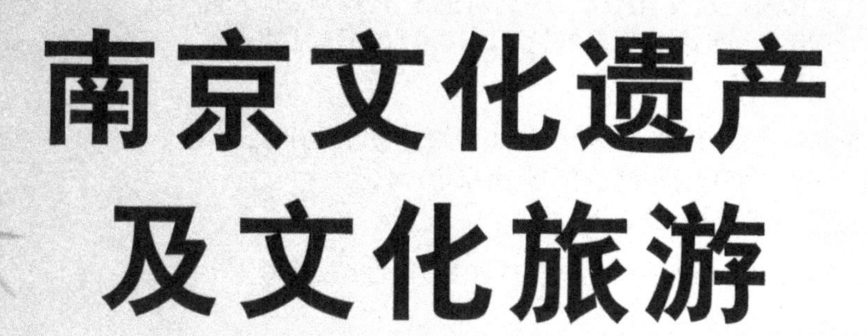

南京文化遗产及文化旅游

(汉英对照)

贾鸿雁　张天来
杨　忆　朱　琳　编著

图书在版编目(CIP)数据

南京文化遗产及文化旅游:汉英对照 / 贾鸿雁,张天来等编著. —南京: 东南大学出版社, 2015.11(2024.1重印)
ISBN 978-7-5641-5556-8

Ⅰ.①南… Ⅱ.①贾…②张… Ⅲ.①文化文化遗产-介绍-南京市-汉、英②旅游文化-介绍-南京市-汉、英
Ⅳ.①K295.31②F592.753.1

中国版本图书馆CIP数据核字(2015)第297510号

南京文化遗产及文化旅游:汉英对照

出版发行 东南大学出版社
地　　址 南京市四牌楼2号　邮编:210096
出 版 人 江建中
网　　址 http://www.seupress.com
经　　销 全国各地新华书店
印　　刷 广东虎彩云印刷有限公司
开　　本 700mm×1000mm　1/16
印　　张 10.25
字　　数 200千
版　　次 2015年11月第1版
印　　次 2024年1月第4次印刷
书　　号 ISBN 978-7-5641-5556-8
定　　价 32.00元

本社图书若有印装质量问题,请直接与营销部联系。电话(传真):025-83791830。

国家科技支撑计划项目

“织锦文化及遗产景区数字化地理信息地图”

课题(编号 2012BAH69F01)成果编委会

前言 Preface

南京有着2 500年的历史，是我国四大古都之一，东南文化重镇，1982年名列第一批中国历史文化名城。同时，南京也是“山水城林”浑然一体的山水园林城市，龙蟠虎踞，刚健而娇娆，吸引无数游客到访，荣膺首批中国优秀旅游城市。

赏游南京，精髓在于文化。恰如朱自清先生所说，“逛南京像逛古董铺子，到处都有些时代侵蚀的痕迹。你可以摩挲，可以凭吊，可以悠然遐想；想到六朝的兴废，王谢的风流，秦淮的艳迹。这些也许只是老调子，不过经过自家一番体贴，便不同了。”如今的南京，可看、可赏、可以细细品味的远不止于“六朝的兴废，王谢的风流，秦淮的艳迹”这些“老调子”，但“自家一番体贴”仍是不可或缺的。本书的立意，一是对南京文化遗产的“老调子”“新调子”详加梳理，二是为有心品读南京的朋友，提供可以“自家一番体贴”的文化旅游专题线路。全书分两部分，上篇“阅读篇”，叙述南京的文化遗产和景区；下篇“行走篇”，提炼了八个文化旅游主题。

本书的编写，由贾鸿雁提出写作思路和框架结构，撰写了“阅读篇”的主要内容，并负责全书统稿。东南大学汉语言文学专业的硕士研究生朱猛、平娜分别为“阅读篇”的“文化南京今昔”和“非物质文化遗产”提供了底稿。“行走篇”由东南大学旅游管理硕士研究生杨忆执笔和绘图。英文部分由朱琳译写。东南大学旅游学系的2013、2014、2015届本科生高菲、李昕怡、傅莞乔、申一蕾等提供了素材，在此深表谢忱。

本书在写作过程中参阅了图书、论文及网络上的资料，谨向作者致以衷心的感谢。

本书是科技部“十二五”国家科技支撑计划项目“织锦文化及遗产景区数字化地理信息地图”（项目编号：2012BAH69F01）的成果之一，项目负责人东南大学人文学院张天来博士、东南大学出版社唐允编辑为此书的编写、出版提供了极大的帮助和便利，在此表示感谢。

编者

2015.7

目录 contents

阅读篇

行走篇

阅读篇

1 文化南京今昔

位于中国东部、长江下游的江苏省省会南京，有着 2 500 年的建城史和近 500 年的建都史，号为“六朝古都”“十朝都会”，与西安、洛阳、北京并称中国“四大古都”。我国知名经济学家、文物保护专家朱偰比较四大古都之后说：“此四都之中，文学之昌盛，人物之俊彦，山川之灵秀，气象之宏伟，以及与民族患难相共，休戚相关之密切，尤以金陵为最。”（《金陵古迹名胜影集·序》）南京，钟灵毓秀，文脉绵长，文化积淀深厚，文化遗产丰饶，是名副其实的文化名城。

南京的文化之根深植于得天独厚的江山形胜。城西北部长江奔流而过，号为“天堑”，东面和南面宁镇山脉蜿蜒而来；城内外冈峦起伏，河湖连贯，山环水绕，形势天成。以东郊紫金山为首，富贵山、小九华山（覆舟山）、北极阁（鸡笼山）、鼓楼冈、五台山、清凉山，一路连绵起伏，楔入城内，形成“龙蟠虎踞”之势。东北部沿长江还有幕府山、栖霞山、龙潭山等，西部接象山、狮子山、马鞍山，城南有雨花台；秦淮、金川两河绕经南北，玄武、莫愁两湖偎依东西。无怪孙中山先生在其《建国方略》中称赞说：“（南京）其位置乃在一美善之地区。其地有高山，有深水，有平原，此三种天工，钟毓一处，在世界中之大都市诚难觅如此佳境也。”而明代诗人高启更是用饱蘸豪情的诗句将金陵山川描绘得气象峥嵘：“大江来从万山中，山势尽与江流东。钟山如龙独西上，欲破巨浪乘长风。江山相雄不相让，形胜争夸天下壮。”（《登金陵雨花台望大江》）南京城正是在这雄浑灵秀兼而有之的山水之间成长起来的。

春秋时期，吴王夫差曾经在冶山（今朝天宫所在地）设冶铸作坊，铸造兵器，称冶城。公元前 472 年，越王勾践灭吴后，令范蠡筑越城于秦淮河畔，这是南京最早的城池，今中华门外长干里的越台就是当年的遗址。公元前 333 年，楚灭越，尽取吴故地，筑城于石头山，置金陵邑，是为南京行政建制之始。秦始皇统一中国后，曾东巡会稽，路过丹阳（今江宁区小丹阳），听说金陵有王气，遂凿钟阜断长陇以通流，并改金陵为秣陵。东汉建安十六年（211），割据江东的孙权从京口（今镇江）迁治秣

陵，次年，改秣陵为建业，取“建帝王大业”之意，筑石头城于金陵邑故址。公元229年吴国迁都建业，开创南京建都史；317年，东晋立国，定都建康；420—589年，南朝宋、齐、梁、陈均以建康为都。当时以建康为主，周围环列石头城、丹阳郡城、白下城、东府城、宣武城等，形成群星拱月之势，城市总人口超过100万，是我国历史上第一个人口超百万的城市，所谓“六朝金粉，十里秦淮”，谱写了南京历史上的华彩乐章。

六朝的南京，文风浓郁。公元230年，吴主孙权“诏立都讲祭酒，以教学诸子”（《三国志·吴书·吴主传》），这是江南地区有国学之始。318年，东晋立太学于秦淮河南，设国子祭酒，以经师、博士教授儒学。417年，时任东晋平北将军的刘裕率军北伐，攻克后秦都城长安，尽收后秦汉魏旧器、书籍百工归于建康，为南北学术文化交融创造了条件。438年，南朝宋于鸡笼山设立儒学、玄学、文学、史学四学馆。这时“文学”不再涵盖文学与学术，而成为与儒学、玄学、史学并立的门类，魏晋南北朝时期被称作中国文学自觉的时代。设立于南京的四学馆标志着学科细致分工的开始，南京的学术文化在中国学术文化的发展进程中占据了重要的位置。这一时期，在南京还诞生了《搜神记》《世说新语》等志怪、志人小说以及以陆机《文赋》、刘勰《文心雕龙》为代表的文学理论著作；我国现存最早的一部诗文总集《昭明文选》也于公元527年成书于南京。

隋唐为抑制江南地方势力，平毁建康城，贬低南京的地位，“金陵王气黯然收”，南京变得萧条零落。而今昔之对照，却激发了骚人墨客的怀古之思。“吴宫花草埋幽径，晋代衣冠成古丘”“旧时王谢堂前燕，飞入寻常百姓家”“无情最是台城柳，依旧烟笼十里堤”，叹惋嘘唏，尽成佳句。公元937年徐知诰（李昪）在金陵即位，后改国号为唐（史称南唐），扩建金陵府城，把秦淮河最繁华的地段包进了城内，并改金陵府为江宁府。南京城建进入又一个高潮期。南宋建炎三年（1129），在江宁府建行宫，以南京为陪都。元代南京先后为建康路、集庆路治所。1368年，朱元璋在应天府称帝，以应天为南京，这是南京第一次成为全国统一的政治、经济、文化中心，也是“南京”一名正式见于历史记载。朱元璋接受儒士朱升“高筑墙，广积粮，缓称王”的建议，筑成周长约35.267千米的南京城墙，为世界第一大城。明南京城东倚钟山，西踞石头，南包秦淮，北临后湖，把六朝的建康城、石头城，南唐的金陵城统统包括在城内，使山、水、城融为一体，形成举世罕见的城市景观。与此同时，朱元璋还兴建了宏伟壮丽的皇宫建筑群，北京故宫即以此为母本。永乐十九年（1421），明成祖朱棣迁都北京，南京成为留都，但体制未变，府部犹存，仍不失为南方军事重镇和文化中心。明朝在南京和北京都设有古代教育体系中的最高学府——国子监，设在南京的国子监被称为“南监”或“南雍”。南监规模宏大，延袤十里，灯火相辉，盛况空前，当时邻邦高丽、日本、琉球、暹罗等国不断派留学生前来学习。永乐年间(1403—1424)由内阁首辅解缙总编的旷世之书《永乐大典》也成书于南京。《永乐大典》全书 22 937 卷，11 095 册，约 3.7 亿字，汇集了古今图书七八千种，是中国古代最大的一部百科全书式的文献集。

清代设置于南京的两江总督，掌管东南财赋重地，地位仅次于拱卫京畿的直隶总督。明、清两代，都在南京设局织造宫廷所需丝织品。清代仅南京市区就拥有织机 3 万多台，男女工人 5 万人左右，依靠丝织业为生的居民达 20 多万人，年产值达白银 1 200 万两。清康熙二年(1663)，改由内务府派员代替太监掌管江宁织造，称为“江宁织造部院”，其地位仅次于两江总督，权势显赫。曹雪芹之曾祖父(曹玺)、祖父(曹寅)、父辈(曹頫、曹颙)三代袭任织造，曹雪芹的文学名著《红楼梦》与南京有着千丝万缕的联系。专供皇家使用的丝织品中的极品——云锦诞生于南京，而云锦的生产，还催生出了南京的民间曲艺——白局。秦淮河畔紧邻夫子庙东侧的江南贡院，是历代乡试考场，至清光绪年间(1875—1908)已拥有号舍两万余间，规模为全国之冠。才子佳人的豪情绮思，恩怨传奇，成就了无数的文学经典。

清末洪秀全在南京建立太平天国农民政权，改南京为“天京”，前后历时 12 年，建有天王府和前期七王王府。1864 年，清军攻入天京，抢掠烧杀，城池遭到严重破坏。

1912 年 1 月 1 日，孙中山在南京宣誓就任中华民国临时大总统，建立中华民国临时政府，南京成为民国的首都。1927 年蒋介石在南京建立国民政府。1929 年国民政府设立“国民政府首都建设委员会”，制定和公布了《首都建设计划》，这是中国最早的现代城市规划。《首都建设计划》对城市进行了功能分区，计划在中山门外、紫金山南麓设中央政治区，鼓楼附近傅厚岗一带设市行政区，长江两岸设工业区，主干道两侧和明故宫旧址设商业区，鼓楼一带设文教区，旧城为住宅区；确定了机场、铁路枢纽位置及道路系统，参照欧美城市规划理论方法，制定方格网加对角线的林荫大道系统。由于民国世事艰难，首都规划未能全面实现，但部分完成并影响至今，如一条宽阔大道从下关经挹江门、鼓楼、新街口直至中山陵，即著名的中山路；在中山路折向东去转弯处，建起圆形街心花坛，即新街口广场，为市内交通中心，周围则建中央商场、银行大厦等；还设计建设了中山陵、音乐台、中央博物院(今南京博物院)、中央图书馆(今南京图书馆)、中央大学等。日本侵华战争的爆发扰乱了南京的都市现代化之路。1938 年，日本侵略者攻陷南京，制造了惨绝人寰的南京大屠杀，让南京，也让中国蒙受了巨大的战争伤痛和耻辱。

1949 年 4 月 23 日南京解放，5 月 10 日成立南京市人民政府，南京为中央直辖市。1953 年 1 月 1 日，江苏省人民政府正式成立，以南京为省会。新中国成立后的南京重新迸发了活力，经济、教育、科技、城市建设稳步向前，先后荣获中国首批历史文化名城、全国文明城市、国家园林城市等称号和联合国人居奖特别荣誉奖等。

南京历经 2 500 年曲折坎坷，成就东吴、东晋、宋、齐、梁、陈、南唐、明、太平天国、中华民国十朝都会，引无数英雄折腰，春秋时代越王勾践、西汉开国大将韩信、三国吴主孙权、南唐后主李煜、南宋名将岳飞、明代开国皇帝朱元璋、太平天国首领洪秀全、民主革命先驱孙中山等都曾在南京留下深深的历史印痕。李白的诗，李煜的词，吴敬梓、曹雪芹的小说见证了古城的绝世风华。南京境内旧迹处处，风物宜人，无论是身在南京城中流连几日，抑或是精神徜徉于“文化南京”片刻，都会不虚此行——总有一种南京的美善，在为你守候。

1. Cultural Nanjing, Song of History

The city of Nanjing, a shining pearl by the south of Yangtze River and the capital of Jiangsu Province, has been one of the four Chinese ancient capitals along with Beijing, Xi'an, Luoyang and Beijing, abundant with more than 2500 years' history. She was regarded as the most unique one among those for her splendid art and literature, a galaxy of scholars and talents, the beautiful landscapes, and the nationalistic spirits.

The cultural heritages of Nanjing are profound and extensive rooting from her geographic gifts by nature. Yangtze River flowing by in the northwest brings Nanjing the natural moat while the mountain range surrounds in the southeast. As Sun Yet-sen (1866—1925) mentioned, "The location of Nanjing is perfect. High mountains, deep water and plains are in the most harmonious combination. It is quite rare in the metropolitans all over the world." Gao Qi (1336—1374), a poet in Ming Dynasty, once wrote a poem of great momentum to describe Nanjing: "Yangzte River gallops from millions of mountains, the momentum rushes with the water to the east. Zhongshan Mountain runs like a dragon, fighting with the waves and wind. Mountains compete and contend, and together praise the landscape here the best." Nanjing precisely grows up in the hug of mountains and waters.

In the Spring-Autumn Period, Fuchai, the governor of Wu Kingdom, once set up the workshops for melting and casting weapons in the place named Yeshan. In 472 B. C., Goujian and his Yue Kingdom exterminated Wu Kingdom and built up a city by Qinhuai River which is the earliest rudiment of Nanjing. The Yuetai

relics outside Zhonghua Gate still remain today. In 333 B. C. , Kingdom Chu replaced Yue and established Jinling Town. Qin Shi Huang (259—210B. C.), the first emperor of China, once passed by Jinling and renamed it into Moling. And in 299 A. D of East Han Dynasty, the emperor Sun Quan rename Moling into Jianye and settled it as the capital, which started the history of Nanjing as the capital. East Jin and the South Dynasties all found Jiankang (Nanjing) as the capitals. She has been the first city with the population over a million in Chinese history.

In Six Dynasties, the earliest Chinese studies started in Nanjing in 230 A. D. by Sun Quan, the governor of East Wu Kingdom. The coming Wei and Jin Dynasties led "literary self-awakening time". The collection of poems called Zhaoming Literary Selections that formed in Nanjing has been the earliest anthology in stock.

Zhu Yuanzhang, the first emperor of Ming Dynasty, started the era of Nanjing becoming the political, economical and cultural center in the whole mainland of China recorded in history. The Ming City Wall built to surround the city integrated the mountains, waters and architecture in perfect harmony, has been incomparable and unique in the world. During Ming Dynasty, Guozijian, the grandest top university in China, opened up the south branch campus in Nanjing, which attracted a large amount of students from Korea, Japan and Ryukyu.

In Qing Dynasty, Nanjing is also a vitally important city that in charge of finance and economy of the south area. Yunjin, a kind of top-level brocade specially supplied for the royal family was born in Nanjing. Besides, the greatest Chinese classical novel named *A Dream in Red Mansions* and the author Cao Xueqin are both closely connected with Nanjing.

The era of the architecture of Republic of China came on Jan 1st, 1912, the day Sun Yat-sen took the oath of office as the temporary president. Nanjing was found as the capital of Republic of China. In 1938, Nanjing was invaded by the Japanese troops and subjected to extremely cruel and tragic massacre. Nanjing and the whole nation have been suffered casualties and ignominy in World War Ⅱ.

The dawn light finally shot Nanjing on April 23rd, 1949. People's Government of Jiangsu Province was found in December, 1952. And as the province capital, Nanjing re-burst with vigor after the liberation. The development of economy, education, technology, culture and urban construction is keeping a stable pace and earned several honorary titles like National Civilized City, National Garden City, First Batch of National Historic and Cultural City, Awards of UNCHS, etc.

Nanjing has witnessed the stories of ancient dynasties and the days of Republic of China. In one word, Nanjing, the city of 2500 years' vicissitudes, is a kind of spiritual enjoyment and soul baptism to step into.

2 不可移动文物

南京境内文物古迹众多。据南京市文化广电新闻出版局统计，目前全市已登录的不可移动文物有 2 427 处，其中已列入区级以上文物保护单位的 516 处，包括全国重点文物保护单位 49 处，103 点(表 1)；省级文物保护单位 109 处，116 点；市级文物保护单位 358 处，368 点；区级文物保护单位 325 处。2 000 余处文物中有古遗址 256 处、古墓葬 282 处、古建筑 624 处、石窟寺及石刻 82 处、近现代重要史迹及代表性建筑 1 136 处，以及古树名木、古井、温泉、奇石等，分布于全市的 11 个区。这些古迹宛如繁星点点，遍布城乡，上起旧石器时代，下迄中华人民共和国成立以后，见证了南京地区悠久历史的各个阶段。

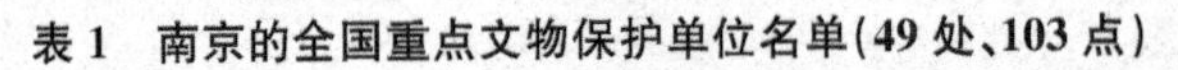

表 1 南京的全国重点文物保护单位名单(49 处、103 点)

古遗址(7 处)			
序 号	名 称	时 代	地 址
1	南京人化石地点	旧石器时代	江宁区汤山街道
2	钟山建筑遗址	六朝	玄武区紫金山南麓
3	明故宫遗址	明代	秦淮区午朝门前后
4	龙江船厂遗址	明代	鼓楼区江东街道漓江路 57 号
5	薛城遗址	新石器时代	高淳区
6	固城遗址	春秋至汉	高淳区
7	大报恩寺遗址	东晋至清	秦淮区
古墓葬(6 处)			
序 号	名 称	时 代	地 址
1	明孝陵(含徐达墓、李文忠墓、吴良墓、吴桢墓、常遇春墓、邓愈墓、仇成墓石刻、李杰墓)	明代	紫金山南麓
2	南唐二陵	南唐	江宁祖堂山

续表 1

序　号	名　称	时　代	地　址
3	浡泥国王墓	明代	雨花台区雨花镇东向花村
4	象山王氏家族墓地	东晋	鼓楼区幕府西路
5	上坊孙吴墓	三国	江宁区
6	仙鹤观六朝墓地	三国、晋、南北朝	栖霞区
古建筑(8 处)			
序　号	名　称	时　代	地　址
1	南京城墙	明代	南京市区
2	栖霞寺舍利塔	南唐	栖霞山栖霞寺东侧
3	瞻园	明、清	瞻园路 128 号
4	甘熙宅第	清代	秦淮区南捕厅 15、17、19 号
5	七桥瓮	明	秦淮区
6	蒲塘桥	明	溧水区
7	朝天宫	清	秦淮区
8	杨柳村古建筑群	清	江宁区
石窟寺及石刻(3 处)			
序　号	名　称	时　代	地　址
1	南京南朝陵墓石刻(共 17 个点)： 徐家村失考墓石刻 梁桂阳简王萧融墓石刻 梁安成康王萧秀墓石刻 梁始兴忠武王萧憺墓石刻 梁吴平忠侯萧景墓石刻 梁鄱阳忠烈王萧恢墓石刻 梁临川靖惠王萧宏墓石刻 梁新渝宽侯萧暎墓石刻 陈文帝陈蒨永宁陵石刻 北家边失考墓石刻 梁建安敏侯萧正立墓石刻 陈武帝陈霸先万安陵石刻 宋武帝刘裕初宁陵石刻 宋墅失考墓石刻 侯村失考墓石刻 方旗庙失考墓石刻 耿岗失考墓石刻	南朝	 栖霞区金陵石化化工一厂内 栖霞区南京炼油厂内 栖霞区甘家巷小学 栖霞区甘家巷西 栖霞区新合村 栖霞区甘家巷西 栖霞区仙林大学城 栖霞区甘家巷董家边 栖霞区新合村狮子冲 栖霞区尧化北家边 江宁区秣陵街道南京海事学院东 江宁区东山街道上坊 江宁区麒麟门 江宁区秣陵街道宋墅村 江宁区秣陵街道 江宁区江宁街道建中村 江宁区秣陵街道耿岗村
2	千佛崖及明征君碑	南朝、唐(676 年)	栖霞区栖霞山、栖霞寺前
3	阳山碑材	明	江宁区

续表 1

近现代重要史迹及代表性建筑(25 处)			
序　号	名　称	时　代	地　址
1	中山陵(含邓演达墓、廖仲恺何香凝墓、谭延闿墓、国民革命军阵亡将士公墓)	1929 年	玄武区中山陵园内
2	太平天国天王府遗址	太平天国	长江路 292 号
3	堂子街太平天国壁画	太平天国	堂子街 108 号
4	雨花台烈士陵园	1927—1949	雨花台
5	国立紫金山天文台旧址	1931 年	紫金山第三峰
6	中共代表团办事处旧址	1946 年	梅园新村
7	原国民政府旧址(9 个点): 国民政府考试院旧址 国民政府主席官邸旧址 国民党中央监察委员会办公楼旧址 国民党中央党史史料陈列馆旧址 国民政府外交部旧址 国民政府最高法院旧址 国民政府行政院旧址 国民政府交通部旧址 临时政府参议院旧址	民国	 玄武区北京东路 41、43 号 玄武区中山陵 9 号 玄武区中山东路 311 号 玄武区中山东路 309 号 鼓楼区中山北路 32 号 鼓楼区中山北路 101 号 鼓楼区中山北路 252、254 号 鼓楼区中山北路 303 号 鼓楼区湖南路 10 号
8	中央体育场旧址	1929 年	玄武区南京体育学院内
9	国民大会堂旧址	1935 年	玄武区长江路 264 号
10	中央大学旧址(含梅庵)	1930 年	玄武区四牌楼 2 号
11	金陵大学旧址(含汇文书院钟楼)(2 个点)	1916 年(1888 年)	鼓楼区汉口路 22 号(中山路 169 号)
12	金陵女子大学旧址	1923 年	鼓楼区宁海路 122 号
13	侵华日军南京大屠杀死难同胞丛葬地(17 个点)	1937 年	江东门、上新河、中山陵西洼子村、北极阁、普德寺、花神庙、燕子矶、清凉山、汉中门、五台山、南京大学、正觉寺、挹江门、煤炭港、中山码头、鱼雷营、草鞋峡
14	金陵刻经处	清	秦淮区
15	金陵兵工厂旧址	清至民国	秦淮区
16	浦口火车站旧址	清至民国	浦口区
17	孙中山临时大总统府及南京国民政府建筑遗存	1912—1949 年	玄武区长江路 292 号
18	北极阁气象台旧址	1928 年	玄武区
19	中央陆军军官学校旧址	1928 年	玄武区
20	励志社旧址	1929—1931 年	玄武区

续表 1

序号	名称	时代	地址
21	国民政府中央广播电台旧址	1932 年	鼓楼区
22	国立中央研究院旧址	1933—1935 年	玄武区
23	拉贝旧居	1934—1938 年	鼓楼区
24	美国驻华使馆旧址	1946 年	鼓楼区
25	英国驻华使馆旧址	1946 年	鼓楼区

这些不可移动文物中，年代最为古远的是汤山南京人化石地点。该地点位于江宁区汤山葫芦洞。1993 年 3 月 13 日，开发者在洞南侧发现一具人颅骨化石。4 月 17 日，又发现了另一具头骨化石。研究表明，两者均为直立人化石，生存于距今约 35 万年的中更新世中期。其性状特征在基本方面与出土于周口店的直立人北京种的化石十分相似。这一发现又一次证明，在中国境内直立人阶段的人化石遗存，在体质人类学特征上具有广泛的一致性。它对于研究世界范围内人类的起源、分布与迁徙具有重要意义，也证明在远古时代南京地区已有古人类的生存繁衍。

南京作为十朝都会，不乏皇家建筑与遗迹。明代，南京第一次作为统一王朝的帝都，都城建设打破历代都城形制方正、宫城居中的传统格局，依岗陇之势，统河川之利，包容六朝、南唐等历代旧城，又另辟宫城新区，建构了一座规模空前，形式奇特的都城，山水城林，浑然一体。明初的宫殿，今称明故宫，位置在今中山东路南北两侧，由明太祖朱元璋始建于元至正二十六年(1366)，初称“吴王新宫”，后称“皇城”。相传朱元璋征发军民工匠 20 万人，填燕雀湖“改筑新城”。这座宫殿由皇城与宫城两部分组成。皇城在外，呈“凸”字形围护着宫城。宫城又称大内，俗称“紫禁城”，东西宽 790 米，南北长 750 米，有门四座，南为午门，东为东华门，西为西华门，北为玄武门。入午门为奉天门，内为正殿奉天殿，殿前左右为文楼、武楼。后为华盖殿、谨身殿。内廷有乾清宫、坤宁宫以及东西六宫。明故宫是中世纪世界上最大的宫殿，占地面积超过 100 万平方米，是北京故宫的蓝本。整个明故宫，殿宇重重，楼阁森森，雕梁画栋，万户千门，金碧辉煌，气势恢宏，曾作为明初洪武、建文、永乐三代皇宫 54 年。明永乐十九年(1421)，明成祖朱棣迁都北京，南京明故宫正式结束王朝皇宫的使命，但仍由皇族和重臣驻守，地位仍十分重要。此后数百年间，风吹雨打，自然损毁加上战争破坏，除了地下埋藏的石构件基础外，只剩下一片残垣碎瓦的废墟。今遗址处建有明故宫遗址公园。

明城墙整体包括明朝时期修筑的宫城、皇城、京城和外郭四重城墙，每层城墙

外都有护城河。这种四重城墙四重护城河的结构在全国独一无二。从公元1366年起，朱元璋举全国之力，经过30余年修筑，终于完成四重城垣的建设。通常所说的南京城墙指的是都城城墙，又称京城，其长度为35.267千米，依南京山脉、水系的走向修筑，开13门，形成了由内向外“南斗北斗”聚合、环套的格局，设计思想独特，建造工艺精湛，规模恢弘雄壮，“高坚甲于海内”，现存完整、半完整城墙25.091千米，是名副其实的世界第一大城墙。明城墙除墙体外，还包括城门、瓮城、水关、桥梁、护城河、藏兵洞等建筑。13座城门中，聚宝门、石城门、神策门和清凉门4门保存至今。其中聚宝门(今中华门)是京城的正南门，中华门城堡是中国现存最大的城堡，也是世界上保存最完好、结构最复杂的古城堡。中华门修建于元至正二十六年至明洪武十九年(1369—1386)，在南唐都城正南门基础上扩建而成。中华门布局严整、构造独特，有三道瓮城、四道券门贯通，各券门均有能上下启动的千斤闸和双扇木门，遇有敌兵攻入，城门内千斤闸迅速降落，切断退路，伏兵四出，分别歼灭，恰如瓮中捉鳖。城堡分为三层，最上层的木结构镝楼现已不存，东、西两边马道直达城头。城堡内共有27个藏兵洞，可以藏兵三千、藏粮万担。整个城堡南北深128米，东西宽118.45米，总面积15 168平方米，城墙最高处达21.45米，全部建筑用石灰、桐油和糯米汁作黏合剂，极为坚固，现已成为研究我国古代军事设施的重要实物资料。2012年，以南京明城墙为首的“中国明清城墙”项目列入中国世界文化遗产预备名单。为更好地保护明城墙，2015年南京市人大制定、经由江苏省人大批准了《南京城墙保护条例》。

明孝陵是明朝开国皇帝朱元璋与马皇后的陵墓，坐落在紫金山南麓独龙阜玩珠峰下。明孝陵始建于洪武十四年(1381)，至明永乐十一年(1413)建成“大明孝陵神功圣德碑”，前后历时30余年。陵墓布局宏伟，规制严谨，直接影响了明清两代五百余年帝王陵寝的形制，在中国帝陵发展史上有着特殊的地位。现分布于北京、湖北、辽宁、河北等地的明清帝王陵寝，均按南京明孝陵的规制和模式营建。明孝陵现存下马坊、碑亭、石兽、望柱、翁仲石人、“治隆唐宋”碑殿、四方城和宝城等，纵深2.62千米，当年围绕陵区的22.5千米红墙现存遗迹。陵墓的神道从四方城开始。四方城是一座碑亭，其顶部已毁，仅存方形四壁，内有立于龟趺座上的石碑一块，碑文由明成祖朱棣亲撰，详述明太祖的功德。神道由此向西经外金水桥(今红桥)，绕过梅花山再折向北，长约1 800米。其中段为石象路，相向排列12对石兽，后面是一对高大的华表，上雕云龙，气势不凡。折向北面的神道上分列着4对文臣武将。石人石兽的体型巨大，是明代石刻的艺术珍品。明孝陵地面木结构建筑大多毁于1853年清军与太平军之战，现仅存下马坊、禁约碑、内红门、碑亭中壁、石像生、方城明楼下部等砖石建筑。在原享殿的位置上尚可见64个石柱础，可以想象当年享殿的规模是很大的。享殿后是一片纵深100余米、宽数十米的空地，中间有甬道，两边林木茂盛。甬道尽头有石桥，称大石桥，又称升仙桥。桥北是一座宽75米、高16米、进深31米的城堡式建筑，称方城，出隧道东西各有石级可登城顶。城顶原建有宫殿式建筑明楼，明楼顶部及木质结构已毁，仅存四面砖墙。为保护墙体，2008年开始实施明孝陵明楼保护修缮工程，翌年楼顶落成。方城北面的宝顶，是一个直径约400米的圆形大土丘，宝顶之下即为朱元璋和马皇后合葬的地宫。宝顶四周有条石砌成的石壁，其南边石壁上刻有“此山明太祖之墓”七个大字。2003年，明孝陵作为“明清皇家陵寝”扩展项目列入联合国教科文组织世界遗产名录。

明代南京城内还曾有过一座规模宏大的皇家寺院——大报恩寺，寺内高百余丈的琉璃宝塔曾经是南京城的地标建筑。大报恩寺为明成祖朱棣为纪念其生母碽妃而建，其原址有建于吴赤乌十年(247)、史称“江南佛寺之始”的建初寺。大报恩寺及琉璃宝塔按照宫阙规制，征天下夫役工匠10万余人，耗银248万余两，历时19年建成。塔高约80米，通体用琉璃烧制，塔的飞檐下垂金铃鸣铎，门侧、塔心置篝灯，油灯昼夜不熄，声、光效果甚是壮观，因此成为明代初年至清代前期南京最具特色的标志性建筑物，是当时中外人士游历金陵的必到之处。清代康熙、乾隆二帝来江南时均曾登临此塔，西方的传教士和商人则称金陵大报恩寺塔为“南京的表征”，是“东方建筑艺术最豪华、最完美无缺的杰作”，安徒生把它写进了自己创作的童话中。清咸丰四年(1854)，大报恩寺塔被毁。2008年8月，在大报恩寺遗址出土的铁函中发现了七宝阿育王塔，内藏“佛顶真骨”，轰动佛教界和考古界。2011年，大报恩寺遗址考古获选2010年度全国十大考古新发现。2012年金陵大报恩寺遗址公园建设动工，于2015年末建成开放。

此外，位于江宁祖堂山的南唐二陵(南唐开国先主李昪及其妻宋氏的钦陵和中主李璟及其妻钟氏的顺陵，是五代十国时期规模最大的帝王陵墓)，以及散布于江宁、栖霞等地的南朝陵墓石刻等，也都是南京都城史的有力见证。

相比较皇家建筑的气势恢宏，南京的民居建筑则充满着书卷气和地方特色。位于南京老城南部的甘熙宅第，始建于清嘉庆年间(1796—1820)。整个建筑群占地面积超过10 000平方米，有300多个房间，因皇家规定民间住宅不得超过百间，俗称“九十九间半”。甘熙宅第是南京现有面积最大、保存最完整的私宅，与明孝陵和明城墙一起并称为南京三大明清景观。金陵甘氏是江南望族，甘熙是清代著名文人和方志学家，著述颇丰。宅第为甘熙之父甘福修建，其建筑风格有别于江南地区流行的徽派和苏式建筑，显示出强烈的南京地方特色，如门楼装饰较素，显得简朴大方，封火墙特别高大、注重实用等，整个建筑反映了金陵大家士绅阶层的文化品位和伦理观念。甘熙宅第现辟为南京市民俗博物馆。

位于江宁区的杨柳村，村庄依山傍水，北靠马场山，前临杨柳湖，富有浓郁的江南水乡特色。杨柳村古民居建筑群始建于明代万历七年(1579)，建成于清代乾隆、嘉庆年间，是南京迄今为止保留最大最完整的明清古民居群，号称江宁“大宅门”。村庄一个个自成体系的独立宅院称为“堂”，有翼圣堂、翼经堂、四本堂、树德堂、思承堂、礼和堂、酌雅堂、安雅堂、崇厚堂、序乐堂、居易堂、天乐堂、映雪堂、祖耀堂、文光堂。原来宅院之间的间巷全部以青石板铺路，条石为阶，古时有“青石墁地石门楼，走进杨柳不沾泥”说法。杨柳村明清建筑群继承了我国古代的建筑传统，并有所创造和发展。杨柳村最有名的是各种砖雕和木雕，它的砖雕、木雕和石雕不像徽派建筑那么张扬，显得更加内敛和富于书卷气。

南京在中国近现代史上地位突出。1842 年，英国侵略军与清朝政府在长江岸边的静海寺里进行两国间的谈判，议约了《南京条约》，静海寺因此成为中国近代史起点的象征。1912 年，中华民国在南京成立；1927 年，国民政府立都南京，展开首都建设计划。这些历史给南京留下了一大批中西合璧的近现代建筑，总计 1 000 多处。南京近代建筑是中国建筑史上重要的篇章，其历程可视作中国近代建筑发展的缩影。它不仅记载了清代晚期洋务运动最早兴办的产业类建筑的实例，也体现出近代中国口岸开放后，基督教和洋行给中国传来的西方建筑样式与技术，使近代南京的城市建设及建筑类型、建筑形式都发生了巨大变化，充分反映出半殖民半封建社会所产生的影响和冲破传统建筑形制的羁绊，为丰富中国近现代建筑的内容开辟了道路。

南京近现代建筑发展过程大体可以分为三个阶段：第一个阶段从 1842 年订立《南京条约》到 1898 年南京正式在下关开埠止，这是南京近代建筑发展的早期；第二个阶段则从 1898 年到 1937 年日本侵华战争开始，为南京近代建筑发展的盛期；第三个阶段是从 1937 年到 1949 年南京解放，是南京近代建筑发展的晚期。综合来看，南京近代建筑呈现四个主要特点。一是中西兼容的城市建筑风格。南京的城市建筑既可以看到纯正的西方古典式样、折中主义和美国殖民风格的移植，如原中央大学建筑群、建康路邮局、汇文书院等，也涌现了一批杰出的中国建筑师致力于发展现代主义建筑，代表作品包括馥记大厦、福昌饭店、新都大戏院及大批私人住宅等。此外，20世纪二三十年代，南京的近代建筑在提倡"国粹文化"的思想指导下，对中国传统建筑的继承与创新曾做过大胆尝试，一方面继续和发展中国宫殿式和传统形式，同时也出现了对创造新民族形式建筑的探讨，前者如原金陵大学校园建筑群、中山陵、原国民政府交通部、铁道部、励志社等建筑，后者的优秀作品包括原国民政府外交部、国立美术馆、中央体育场、中央医院等。这种多样化的实践活动在全国范围内产生了深远影响，并为中国建筑的现代化打下坚实基础。二是类型多样。南京近代建筑在类型方面可谓一应俱全，包括大型行政建筑、文教卫建筑、大型纪念性建筑、公共建筑、天主教与基督教建筑、金融与商业建筑、工业建筑、娱乐建筑、新式住宅、使馆建筑等，以求与首都的地位和功能要求相适应。各类作品日前皆有遗存。三是国内外建筑师进行了丰富而有成就的创作。在南京近代建筑的探索、实施方面，中外建筑师都曾做出过突出贡献。尤其在20世纪二三十年代，南京汇聚了当时中国最优秀的一批建筑师，他们在南京进行了类型广泛的建筑设计活动，从而打破了外国建筑师的垄断地位，同时也使千余年全靠经验的建造方法逐渐走上了科学设计的道路，其中以吕彦直、杨廷宝、童寯、赵深、陈植、董大酉、李锦沛、卢树森、徐敬直、李惠白、奚福泉、刘福泰等人为代表。四是积极采用当时较为先进的建造技术。民国期间，南京的营造业一度异常繁荣，带动了水泥、砖瓦等材料普遍应用，同时引入西方的钢筋混凝土结构，施工技术也逐渐现代化，许多做法在国内起到了示范作用。

鉴于南京的重要近现代建筑在中国近代建筑史上有着独特的地位，蕴含着大量的历史文化信息，是南京宝贵的文化遗产和文化资源，在2006年年初，南京市委市政府制定了《南京市2006—2008年民国建筑保护和利用三年行动计划》，拉开了南京重要近现代建筑保护与利用工作的序幕。其后，南京市人大颁布了《南京市重要近现代建筑和近现代建筑风貌区保护条例》，并于2006年12月1日起施行，为保护工作确立了法律依据。2007年10月，市政府以"宁政发〔2007〕281号通知"成立南京市重要近现代建筑及近现代建筑风貌区保护专家委员会，为保护工作提供了保障机制。按照保护条例的要求，从2008年起，南京陆续公布南京重要近现代建筑名录，其中已列入文物保护单位的重要近现代建筑分四批列入保护名录：第一批为列入国家级文保单位的重要近现代建筑24处；第二批为列入省级文保单位的重要近现代建筑55处；第三批为列入第一、二批市级文保单位的重要近现代建筑16处；第四批为列入2006年第三批市级文保单位的重要近现代建筑96处。2008

年公布第五批，也是首批非文物保护单位的重要近现代建筑保护名录 67 处 10 片，2010 年公布第六批重要近现代建筑保护名录 52 处 2 片。以上共计 300 多处重要近现代建筑。这些建筑受保护，不能随意整治、修缮。南京市还为这些重要近现代建筑挂牌。挂牌的标志牌用天然石料雕刻而成，外观与老建筑的风貌吻合。牌子上的内容分为“编号”“名称”“地址”和“简介”几部分。简介的部分用最简单的语句概括出建筑的时间、设计者、风格与历史意义。

2. Immovable Historical and Cultural Relics

There are numerous historical and cultural relics and sites in Nanjing. According to the statics by Nanjing culture and Media Bureau, the quantity of immovable historical and cultural relics' sites in record is 2 427, among which are 49 national protection-level.

The earliest is the site of Tangshan Nanjing fossil. It is located at Hulu Cave of Tangshan Mountain in Jiangjing District and comes to exposure on March 13th, 1993, which is of great significance of the exploration in the origin, distribution and migration of human worldwide.

As the capital and metropolitan of ten dynasties, Nanjing is abundant with royal architectures and cultural relics. She became the capital of an empire in Ming Dynasty for the first time with delicately designed palaces and Ming city walls. Zhu Yuanzhang and his craftsmen started building city wall in 1366 according to the mountains and waters in Nanjing. With more than 30 years' hard work, Ming City wall became the greatest wall in the world with its 35.267 kilometers and 13 gates. Jubao Gate (today's Zhonghua Gate) is the main gate of the capital and its gate tower is the biggest one in China and the best remained in the world now. Aiming at the better protection towards Nanjing City Wall, some regulations have been passing by Nanjing Government and Jiangsu Government.

Ming Xiaoling tombs are located at the foot of Purple Mountain, where buried Zhu Yuanzhang and his wife Queen Ma. The grand and rigorous tombs have influenced the royal tombs in the next 500 years of Ming and Qing Dynasties. Ming Xiaoling Tombs were listed into the world heritage list by UNESCO in 2003,.

Bao'en Temple was a grand royal temple in Ming Dynasty built by Zhu Di. It once has been the representative architecture in Nanjing with its unique colored glaze in 1431—1856. It is praised as the "symbol of Nanjing" and "the most luxurious and perfect masterpiece" by western missionaries and businessmen.

The residential buildings in Nanjing are knowledgeable and of local features, compared with the magnificent royal gardens. As one of the three biggest landscapes in Nanjing together with Ming Xiaoling Tombs and Ming City Wall, Ganxi Old House is the biggest and most complete local private one. Another private house is called Willow Village in Jiangning District, which is famous for the brick-carving and wood-carving.

Nanjing stood a vitally important position in Chinese modern and contemporary history for *Treaty of Nanjing* signed by the Britain troops and Qing Government in 1842. The modern architecture in Nanjing can be seen as the significant part and epitome of the development of Chinese modern architecture. The developing process of Nanjing modern architecture can be mainly divided into three time periods. The early time covers from 1984 with Treaty of Nanjing to 1898 Xiaguan District opening up business; the very prospering second period lasted 39 years till 1937 Japan's invasion. The late development time was between 1937 and 1949. Comprehensive speaking, the modern architecture of Nanjing has embodied with four features as follows: The architecture perfectly combined Chinese traditional styles with western ones. A large variety of architecture types were applied with excellent architects both home and abroad devoting into the design and construction. Abundant materials had been widely put into practice.

3 非物质文化遗产

2003年10月，第32届联合国教科文组织大会通过了《保护非物质文化遗产公约》(Convention for the Safeguarding of the Intangible Cultural Heritage)，正式提出了"非物质文化遗产"的概念："非物质文化遗产指被各群体、团体，有时是个人，视为其文化遗产组成部分的各种社会实践、观念表述、表现形式、知识、技能，以及相关的工具、实物、工艺品和文化场所。这种非物质文化遗产世代相传，在各社区和群体适应周围环境以及与自然和历史的互动中，被不断地再创造，为这些社区和群体提供认同感和持续感，从而增强对文化多样性和人类创造力的尊重。在本公约中，只考虑符合现有的国际人权文件，各社区、群体和个人之间相互尊重的需要和顺应可持续发展的非物质文化遗产。"2004年8月该公约在我国第十届全国人大常委会获得通过。2005年3月，国务院办公厅颁布《关于加强我国非物质文化遗产保护工作的意见》，将非物质文化遗产定义为："非物质文化遗产指各族人民世代相承的、与群众生活密切相关的各种传统文化表现形式(如民俗活动、表演艺术、传统知识和技能，以及与之相关的器具、实物、手工制品等)和文化空间。"并指出，"非物质文化遗产可分为两类：(1) 传统的文化表现形式，如民俗活动、表演艺术、传统知识和技能等；(2) 文化空间，即定期举行传统文化活动或集中展现传统文化表现形式的场所，兼具空间性和时间性"。非物质文化遗产的范围包括：(1) 口头传统，包括作为文化载体的语言；(2) 传统表演艺术；(3) 民俗活动、礼仪、节庆；(4) 有关自然界和宇宙的民间传统知识和实践；(5) 传统手工艺技能；(6) 与上述表现形式相关的文化空间。

非物质文化遗产既是历史发展的见证，又是珍贵的、具有重要价值的文化资源，对于增强民族凝聚力、强化地方感、保持文化的创造力都有着极其重要的意义。《关于加强我国非物质文化遗产保护工作的意见》要求认真开展非物质文化遗产普查工作，建立非物质文化遗产代表作名录体系，加强非物质文化遗产的研究、认定、保存和传播，建立科学有效的非物质文化遗产传承机制，并颁布了《国家级非物质文化遗产代表作申报评定暂行办法》，启动国家级非物质文化遗产的申报工作。从2006到2014年，先后公布了四批共1 372项国家级非物质文化遗产。同时，中国还积极参与联合国教科文组织“人类非物质文化遗产代表作”的申报，到2014年年底共有30个项目列入“人类非物质文化遗产代表作名录”(Representative List of the Intangible Cultural Heritage of Humanity)，7个项目列入“需要紧急保护的非物质文化遗产名录”(List of Intangible Cultural Heritage in Need of Urgent Safeguarding)。

在此背景下，从2006年到2009年三年时间里，南京市进行了非物质文化遗产的普查，总获普查资源计2 004项，涵盖17个一级类别，53个二级类别。2008、2012和2014年，南京市先后公布了三批“南京市非物质文化遗产名录”，共计登录141个项目，覆盖民间文学，传统音乐，传统舞蹈，传统戏剧，曲艺，传统体育、游艺与杂技，传统美术，传统技艺，传统医药，民俗10个类别，其中列入江苏省级非物质文化遗产的有55项。南京拥有国家级非物质文化遗产11项，人类非物质文化遗产代表作4项(表2)。

表2 南京的人类非物质文化遗产代表作项目和国家级非物质文化遗产项目

人类非物质文化遗产代表作(4项)			
序 号	名 称	登录时间	备 注
1	古琴	2003	金陵琴派
2	剪纸	2009	南京剪纸
3	中国雕版印刷技艺	2009	金陵刻经印刷技艺
4	南京云锦织造技艺	2009	
国家级非物质文化遗产名录(10项)			
序 号	名 称	所属类别	备 注
1	中国古琴艺术	传统音乐	金陵琴派
2	竹马东坝大马灯	传统舞蹈	东坝大马灯
3	龙舞	传统舞蹈	骆山大龙
4	南京白局	曲艺	
5	剪纸	传统美术	南京剪纸
6	南京云锦木机妆花手工织造技艺	传统技艺	
7	南京金箔锻制技艺	传统技艺	
8	金陵刻经印刷技艺	传统技艺	
9	金银细工制作技艺	传统技艺	
10	秦淮灯会	民俗	

在古代丝织物中，“锦”代表着最高技术水平。南京云锦因其绚丽多姿，美如天上云霞而得名，浓缩了中国丝织技艺的精华，有“中华一绝”和“世界瑰宝”之美誉，至今已有 1 580 年历史，与成都的蜀锦、苏州的宋锦、广西的壮锦并称“中国四大名锦”。南京云锦兴盛于明清时期，专为皇家织造，它的产生和发展与南京的建都史紧密相连，又与南京作为中国东南地区重镇的历史地位密切相关。清朝康熙至嘉庆年间(1662—1820)，南京云锦生产规模巨大，木织机达到 3 万多台，有 20 余万人以此为业，年产锦缎上百万匹，产值在 3 000 万两白银以上。云锦织造工艺的特点是通经断纬，挖花妆彩。云锦采用的织机叫大花楼木织机，机长 5.6 米、宽 1.4 米、高 4 米。每台织机分楼上楼下两部分，织造时，楼上拽花工根据花本要求，提起经线，楼下织手对织料上的花纹，妆金敷彩，抛梭织纬，一根纬线的完成，需要小纬管多次交替穿织，自由换色，工艺十分复杂，上下两人配合，一天仅能织 5～6 厘米，有“寸锦寸金”之说。这种织造方法的优点是，一根纬线通过多次挖花完成，配色自由，不受色种限制，相同的单位纹样，可织成不相重复的色彩，使整件产品典丽和谐。云锦主要品种有织金、库锦、库缎和妆花四大类，前三类已可用现代机器生产，惟妆花的“挖花盘织”“逐花异色”至今仍只能用手工完成。光绪末年云锦业开始走向衰落。1949 年南京全市能生产的云锦织机只有 4 台。1957 年建立了南京云锦研究所，这是新中国第一家工艺美术类研究所，是全国唯一的云锦专业研究机构，同时从事云锦的开发和生产。云锦研究所继承和发展了传统工艺，曾成功复制了明定陵出土的“织金孔雀妆花纱龙袍”和长沙马王堆出土的“素纱蝉衣”，云锦艺术开始焕发新的生机。2011 年，云锦研究所荣获第一批国家级非物质文化遗产生产性保护示范基地。2004 年，南京云锦博物馆成立，馆内展示云锦织造工艺、明清云锦精品实物以及中国古代丝织文物复制品等，成为南京一处新的景点。

古琴是中国最古老的富有民族色彩的弹拨乐器，主要体现为一种平置弹弦乐器的独奏艺术形式，包括唱、弹兼顾的“琴歌”和与箫、埙等合奏的形式，经典曲目有《流水》《广陵散》《梅花三弄》《胡笳十八拍》等。自明清以来，江苏有影响力的琴派有南京的金陵派、苏州的吴门派、扬州的广陵派、南通的梅庵派、常熟的虞山派等。金陵琴派从明代皇家乐官发展起来，演奏技法独特，端庄肃穆，皇家典范充盈，有超然儒雅之风。它以兼取众家之长的气度确立了在古琴界的地位，流传下大量琴曲、琴谱及琴论文献。

剪纸是一种镂空艺术，在视觉上给人以透空的感觉和艺术享受。其载体可以是纸张、金银箔、树皮、树叶、布、皮、革等片状材料。它有着悠久的历史，是中国最为流行的民间艺术形式之一。剪纸在明代初年已在南京民间广泛流传。它得益于南京特殊的地理位置和人文环境，把北方剪纸的粗放与南方剪纸的细腻相融合，形成了“花中有花，题中有题、粗中有细、拙中见灵”的独特风格，凸显出南京剪纸所特有的历史、人文、艺术、审美、民俗等价值，成为中国剪纸的重要组成部分。

中国是印刷术的故乡，木刻水墨雕版印刷技艺是中国古老雕版印刷的遗存。其工序主要分刻板、印刷与装订三个部分，每个部分又有若干道子工序。清代杨仁山等创办了金陵刻经处，为传承中国古代佛经、佛像木刻雕版印刷技艺做出了巨大贡献。金陵刻经印刷技艺版式疏朗，字大悦目，刻印考究，纸墨精良，以“金陵本”之名享誉海内外。

秦淮灯会是历代南京民众延续和传承民俗文化的重要空间。它发端于魏晋南北朝时期，在唐代迅速发展，明代达到鼎盛。自明初朱元璋在南京倡导元宵灯节活动后，南京就逐渐开始享有“秦淮灯火(彩)甲天下”之美誉了，秦淮河悬挂花灯的画舫(俗称“灯船”)也随之扬名天下。历史上的秦淮灯会主要分布在秦淮河流域，20世纪以后主要集中在夫子庙地区，目前已扩展到“十里秦淮”东侧五里地段，核心区域包括夫子庙、瞻园、白鹭洲公园、王谢古居、吴敬梓故居、江南贡院、中华门瓮城，以及中华路、平江府路、瞻园路、琵琶路一带。老南京俗语说，过年不到夫子庙观灯，等于没有过年；到夫子庙不买张灯，等于没过好年。每年元宵节游客和当地居民将夫子庙秦淮河一带挤得满满当当，人山人海，年味十足。

南京的非物质文化遗产中，有不少地方食品的加工技艺，如京苏大菜烹制技艺，南京板鸭，盐水鸭制作技艺，秦淮(夫子庙)传统风味小吃制作技艺，鸡鸣寺素食制作技艺，绿柳居的素菜烹制技艺，刘长兴面点加工制作技艺，龙袍蟹黄汤包加工制作技艺，安乐园清真小吃烹制技艺，星甸清真(烤鸭，五香牛肉)制作技艺，六合牛腩制作技艺，洪蓝玉带糕传统制作技艺等，让传统美食制作技艺得到保护与传承。

南京的非物质文化遗产种类丰富，数量众多，内涵丰富，特色明显。为更好地保护和传承非物质文化遗产，南京市通过组织申报、评审、认定等程序，分层次建立起重点项目传承保护基地、生态保护区计 28 个，如“南京市非物质文化遗产传承保护展示基地”“南京云锦传习基地”“金陵刻经印刷技艺传承保护基地”“南京剪纸传承培育基地”“秦淮少儿非物质文化遗产传习实验基地”“高淳村俗文化生态保护区”等(表 3)。同时建立了“传承人”制度，认定国家级非物质文化遗产代表性传承人 9 人，江苏省省级非物质文化遗产代表性传承人 25 人，南京市级非物质文化遗产代表性传承人 194 人，共计 228 人，共同构成了南京市级以上非物质文化遗产代

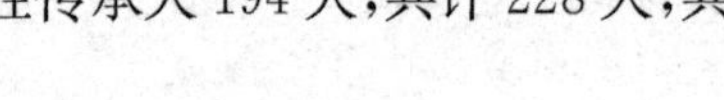

表性传承人体系。

表 3　南京非物质文化遗产传承保护基地和文化生态保护区(28 个)

序　号	基地名称	保护单位	所属区
1	南京云锦织造技艺生产性保护示范基地(国家级)	南京云锦研究所股份有限公司	南京市
2	南京金箔煅制技艺生产性保护示范基地(省级)	南京金线金箔总厂	栖霞区
3	高淳村俗文化生态保护实验区(省级)	高淳区	高淳区
4	南京市非物质文化遗产传承保护展示基地	南京市民俗博物馆	南京市
5	南京剪纸传承保护基地	南京市工艺美术总公司	玄武区
6	金陵竹刻保护展示基地	金陵竹刻艺术博物馆	玄武区
7	苏作小木家具制作技艺传承保护基地	南京观朴艺术博物馆	玄武区
8	鸡鸣寺素食制作技艺传承保护基地	南京鸡鸣寺	玄武区
9	古琴艺术、金陵琴派传承保护基地	秦淮区文化馆	秦淮区
10	金陵刻经印刷技艺传承保护基地	金陵刻经处	秦淮区
11	南京白局传习基地	南京云锦研究所股份有限公司 秦淮区文化馆	秦淮区
12	金银细工制作技艺传承保护基地	南京宝庆首饰总公司	秦淮区
13	东水艺苑社区非物质文化遗产传承保护基地	秦淮区文化馆	秦淮区
14	秦淮少儿非物质文化遗产传习实验基地	南京市考棚小学	秦淮区
15	丁氏痔科传承保护基地	南京市中医院	秦淮区
16	安乐园清真小吃烹制技艺传承保护基地	南京清真安乐园菜馆	秦淮区
17	绿柳居素菜烹饪技艺传承保护基地	南京清真绿柳居菜馆	秦淮区
18	秦淮(夫子庙)传统风味小吃制作技艺传承保护基地	奇芳阁酒楼、永和园酒楼	秦淮区
19	京苏大菜烹制技艺传承保护基地	江苏酒家	鼓楼区
20	马祥兴清真菜烹制技艺传承保护基地	南京清真马祥兴菜馆	鼓楼区
21	麻雀蹦传承保护基地	江宁区文化馆	江宁区
22	南京金箔煅制技艺传承保护基地	南京金陵金箔股份有限公司	江宁区
23	南京板鸭、盐水鸭制作技艺传承保护基地	南京樱桃鸭业有限公司	江宁区
24	江浦手狮传承保护基地	浦口区文化馆	浦口区
25	南京白局少儿传习实验基地	南京市北京东路小学分校红太阳小学	浦口区
26	接骨术(张氏接骨)传承保护基地	南京浦口区张浦/张文龙/张文象中医医院	浦口区
27	留左吹打乐传承保护基地	六合区长芦街道文化体育服务中心	六合区
28	骆山大龙传承保护展示基地	溧水区文化馆	溧水区

3. Intangible Cultural Heritages

Intangible cultural heritage, also known as "living heritage", refers to the practices, representations, expressions, knowledge and skills transmitted by communities from generation to generation. It provides these communities with a sense of identity and continuity, while promoting creativity and social well-being, contributing to the management of the natural and social environment and generating income. Much of what is called traditional or indigenous knowledge is, or can be, integrated into health care, education and management of the natural resources systems. The 2003 UNESCO Convention *for the Safeguarding of the Intangible Cultural Heritage* aims to safeguard this fragile heritage, secure its viability and guarantee full advantage is taken of its potential for sustainable development.

China has been positively applying for recognition as the world intangible cultural heritages to UNESCO. There are 30 programs have been listed into Representative List of the Intangible Cultural Heritage of Humanity and 7 into List of Intangible Cultural Heritage in Need of Urgent Safeguarding. The general survey of the intangible cultural heritages organized by Nanjing government during 2006 to 2009 indicates that 2004 programs have been counted and 141 more are added in 2008, 2012 and 2014 including folk literature, traditional music, manual craft, dance, opera, art, medical, etc. Here is the brief introduction of world intangible cultural heritages of Nanjing:

Yunjin Brocade, which stands the top level of Chinese silk and brocade in Ancient China with more than 1580 years' history, is the representative fabric of Nanjing.

It has been regarded as one of the "Four Greatest Chinese Brocade" accompany with Shu Brocade in Sichuan, Song Brocade in Jiangsu, Zhuang Brocade in Guangxi for its splendid color like the rosy clouds in the sky.

Guqin, the oldest national Chinese plunk instrument, contains the profound and extensive Chinese culture and philosophy. Since Ming and Qing Dynasties, Jinling Guqin Genre has become one of the main Guqin Genres in Jiangsu even China mainland with the dignified disposition and royal temperament.

Paper-cutting is a cut of the most popular art and folk art to people in the visual space through feelings and artistic enjoyment. It has been famous since Ming Dynasty and combines the bold and untrained style of the north as well as the fine and smooth style of the south.

China is the birthplace of Block-printing, taking an important role in the history of world printing. Jinling Scriptural Press has brought great contribution to printing the Chinese ancient Buddhist sutras and figures in years.

In the intangible culture heritages of Nanjing, many local cooking skills and authentic snacks were protected and inherited, like Nanjing Duck, the veggie foods of Jiming Temple, Crab soup bun, etc, A large amount of tourists home and abroad come to visit Nanjing for these foods and snacks.

4 博物馆与老字号

博物馆作为一种文化现象起源于人们对珍品的收藏，最初的功能以收藏、研究为主。现代意义上的博物馆出现于18世纪的欧洲，博物馆向公众开放，展示、教育的功能日渐凸显。国际博物馆协会(ICOM)关于博物馆的最新表述是："博物馆是为社会及其发展服务的非营利的永久机构，并向大众开放。它为研究、教育、欣赏之目的征集、保护、研究、传播并展示人类及人类环境的见证物。"2015年，我国博物馆行业第一个全国性法规《博物馆条例》出台，博物馆被定义为"以教育、研究和欣赏为目的，收藏、保护并向公众展示人类活动和自然环境的见证物，经登记管理机关依法登记的非营利组织"。博物馆的开放性、公益性已经被广泛接受和认可。

博物馆作为人类收藏历史记忆凭证和熔铸新文化的殿堂，传播文化、传承文明和启发民智的重要载体，是丰富人民精神文化生活、发展文化事业的重要组成部分。人均占有博物馆的数量，也是衡量一个地区文化事业发展程度的标尺之一。根据博物馆的收藏和陈列内容，大致可分为历史类、艺术类、科学与技术类、综合类四种类型，其中历史、艺术、综合三类与文化遗产关联更密切，是可移动文物的主要承载者。根据国家文物局2013年度博物馆年检备案情况，截至2013年年底，全国博物馆共计4 165家。从2008年起，国家文物局印发《全国博物馆评估办法(试行)》和《博物馆评估暂行标准》等文件，组织开展博物馆评估定级。2008到2013年间，国家文物局公布了国家一级博物馆第一批83家，第二批17家；二级博物馆第一批171家，第二批51家；三级博物馆第一批288家，第二批144家。在地域上覆盖了全国各省、自治区、直辖市，在题材上包括了历史、艺术、科学等各种类型的博物馆。

根据《南京市统计年鉴2014》提供的数据，到2013年年底，南京市共有博物馆50个，其中历史类25个，艺术类6个，综合类9个，自然科技类6个，其他4个；省级博物馆3个，市级博物馆24个，区县级23个。文物藏品总计780 053件，以艺术类博物馆最多，有 539 974 件，历史类博物馆次之，有 185 330 件；其中一级藏品 1 685 件，其中 1 409 件属于艺术类博物馆，占到一级品总数的 84%。所有博物馆年接待 2 233.565 万人次，历史类博物馆是主力军，接待量达 1 864.554 万人次。博物馆不仅是可移动文物的保藏地点，随着免费开放力度的加大，也正成为人们日常课外学习、休闲、游览的场所。

南京的博物馆中，属于国家一级博物馆的有两个：南京博物院和侵华日军南京大屠杀遇难同胞纪念馆；二级博物馆 4 个，分别是南京市博物馆、太平天国历史博物馆、南京地质博物馆、中央代表团梅园新村纪念馆；三级博物馆 4 个，分别是南京云锦博物馆、南京市明城垣史博物馆、求雨山文化名人纪念馆、南京市江宁区博物馆。表 4 列举了南京市部分博物馆。

表 4　南京市部分博物馆

序　号	名　称	地　址	备　注
1	南京博物院	玄武区中山东路 321 号	国家一级博物馆
2	南京市博物馆	秦淮区建邺路朝天宫 4 号	国家二级博物馆
3	南京市江宁区博物馆	江宁区东山街道竹山路 80 号	国家三级博物馆
4	南京市溧水区博物馆	溧水区永阳镇宝塔路 21 号	
5	南京市六合区博物馆	六合区雄州主城桥西新城内	
6	高淳博物馆	高淳区石臼湖南路 7 号 1 幢	
7	南京直立人化石遗址博物馆	江宁汤山方山国家地质公园内	
8	六朝博物馆	玄武区长江路 302 号	
9	南京市明城垣史博物馆	玄武区解放门 8 号	国家三级博物馆
10	明孝陵博物馆	中山门外四方城 1 号	
11	南京江南贡院历史陈列馆	秦淮区夫子庙金陵路 1 号	
12	太平天国历史博物馆	秦淮区(夫子庙)瞻园路 128 号	国家二级博物馆
13	南京云锦博物馆	建邺区茶亭东街 240 号	国家三级博物馆
14	南京市江宁织造博物馆	玄武区长江路 123 号	
15	南京市民俗博物馆 (南京市非物质文化遗产馆)	秦淮区南捕厅 15 号	
16	西善桥历史文化博物馆	雨花台区西善桥街道寺门口 45 号	
17	南京百家湖博物馆	江宁区利源中路 99 号凯旋门内	
18	南京静海寺纪念馆	鼓楼区建宁路 288 号	
19	侵华日军南京大屠杀遇难同胞纪念馆	建邺区水西门大街 418 号	国家一级博物馆
20	南京抗日航空纪念馆	紫金山北麓蒋王庙街 289 号	

续表 4

序号	名称	地址	备注
21	南京民间抗日战争博物馆	雨花台区安德门大街 48 号	
22	南京大学拉贝与国际安全区纪念馆	鼓楼区广州路小粉桥 1 号	
23	中央代表团梅园新村纪念馆	玄武区汉府街 18—1 号	国家二级博物馆
24	南京市雨花台烈士纪念馆	雨花路 215 号	
25	南京渡江胜利纪念馆	鼓楼区渡江路 1 号	
26	求雨山文化名人纪念馆	浦口区江浦街道雨山路 48 号	国家三级博物馆
27	南京颜真卿纪念馆	广州路 221 号	
28	孙中山纪念馆	中山陵园风景区内	
29	南京鲁迅纪念馆	鼓楼区察哈尔路 37 号南京师大附中校园内	
30	傅抱石纪念馆	鼓楼区汉口西路 132 号	
31	陶行知纪念馆	栖霞区晓庄村 131 号行知园	

南京博物院是我国最早创建的博物馆之一，坐落于南京市紫金山南麓、中山门内北侧，占地 70 000 余平方米。南京博物院的前身是 1933 年由我国近代民主革命家、教育家，时任国立中央研究院院长的蔡元培先生倡议创建的国立中央博物院筹备处。蔡先生亲自兼任第一届理事会理事长，在中山门半山园征地 12.9 公顷，原拟建"人文""工艺""自然"三大馆，后因时局关系，仅建人文馆，即现在的南京博物院大殿。该大殿由当时著名的建筑师徐敬直设计，后在梁思成、刘敦桢先生指导下，修改为仿辽代大殿建筑。大殿古朴庄严、雄浑伟岸，成为南京标志性历史文化景观。当时通过收购、拨交、发掘，集中全国第一流珍品约二三十万件，其中包括绘画中的《历代帝后像》《唐明皇幸蜀图》，青铜器中的毛公鼎、后母戊鼎等稀世国宝。一批著名专家云集于此，如李济、吴金鼎、夏鼐、曾昭橘、王天木等。北平历史博物馆曾一度归属于中央博物院的建制而成为分院。当时为全国唯一一座仿照欧美第一流博物馆建馆的现代综合性大型博物馆，直属教育部领导。中华人民共和国成立后，仍名国立中央博物院，由文化部领导；1950 年 3 月更名为国立南京博物院，1954 年起，改属江苏省文化局领导。

1999 年在大殿西侧延续原有建筑形式新建了艺术馆。2009 年，南京博物院二期改扩建工程启动，2013 年完工，总建筑面积 84 800 平方米，展厅面积 26 000 平方米。此次改扩建遵循"新旧建筑结合，地上地下结合"的原则，保留了以紫金山为背景的天际线以及以大殿为主体的历史馆，同时改造艺术馆，新建特展馆、民国馆、数字馆、非遗馆，形成“一院六馆”格局。建筑布局体现了“金镶玉成，宝藏其中”的理念，在前后关系、檐口高度、材质颜色以及细部装饰等方面形成视觉平衡。整体风貌既有传统元素，又有现代气息，二者协调融合、交相辉映。

南京博物院现拥有各类藏品42万余件(套)，上至旧石器时代，下迄当代，既有全国性的，又有江苏地域性的；既有宫廷传世品，又有考古发掘品，还有一部分来源于社会征集及捐赠，均为历朝历代的珍品佳作，可以说是一座巨大的中华民族文化艺术宝库。青铜、玉石、陶瓷、金银器皿、竹木牙角、漆器、丝织刺绣、书画、印玺、碑刻造像等文物品类一应俱有，每一品种又自成历史系列，成为数千年中华文明历史发展最为直接的见证。其中，新石器时代“玉串饰”，战国“错金银重络铜壶”“郢爰”，西汉“金兽”，东汉“广陵王玺”“错银铜牛灯”“鎏金镶嵌神兽铜砚盒”，西晋“青瓷神兽尊”，南朝“竹林七贤与荣启期”模印砖画，明代“釉里红岁寒三友纹梅瓶”等为国宝级文物。此外，扬州八怪、吴门画派、金陵画派、傅抱石、陈之佛等大家的书画藏品成组成系，别具特色。

博物馆的基本陈列及专题展览按“一院六馆”分工各有侧重。历史馆常设“江苏古代文明展”，全方位呈现江苏地区古代文明的发展历程；艺术馆按照艺术品的质地分类展陈馆藏珍品；特展馆重点打造一流水平的精品展览，包括引进的外展和以院藏珍品为主的主题展览；非遗馆通过动态方式展示江苏省国家级非物质文化遗产项目，邀请传承人现场演示传统技艺；民国馆重点展示南京地区民国社会生活风情；数字馆以网络科技和现场互动相结合的方式，带给观众全新的古代文明体验。在办好基本陈列的同时，南京博物院每年还举办数十个临时展览，包括院藏文物专题展、其他省市的文物精品展、当代艺术大师的作品展以及国外有影响的文物及艺术品展等。

南京博物院也是一个文化研究单位，设有江苏省考古研究所、江苏省文物保护研究所、江苏省非物质文化遗产保护研究所、古建筑研究所、陈列艺术研究所、古代艺术研究所、《东南文化》编辑部等学术机构，江苏省博物馆学会、考古学会、民俗学会、吴文化学会挂靠南京博物院。除致力于考古调查与发掘、文物保护技术等方面的研究外，近年来，南京博物院在古建筑研究、大遗址保护、古代艺术研究、非物质文化遗产传承等方面也承担了各级科研课题。

自2008年起，南京博物院全面免费开放。观众既可以欣赏精品展览，也可以参加文化活动，更能够享受休闲服务，真正达到汲取知识、愉悦心情、陶冶情操的目的。

侵华日军南京大屠杀遇难同胞纪念馆建立在侵华日军南京大屠杀江东门集体屠杀场地及“万人坑”遗址之上。据史料记载和见证者的回忆，1937年12月，侵华日军在南京屠杀了三十万人，在江东门一个点就集体屠杀一万多名中国俘虏及平民，遇难者尸体经慈善团体就地掩埋于两个水塘和一条壕沟内。为悼念遇难同胞，启迪今人和后人，牢记历史，不忘过去，珍爱和平，开创未来，1985年8月正式建成开放侵华日军南京大屠杀遇难同胞纪念馆。后又两次扩建，分展览集会区、遗址悼念区、和平公园区和馆藏交流区4个功能性区域。侵华日军南京大屠杀遇难同胞纪念馆是一座纪念性的遗址型历史博物馆，也是全国爱国主义教育基地和全国文物保护单位。其基本陈列“人类的浩劫——侵华日军南京大屠杀史实展”包括“南京沦陷前的形势”“日军入侵南京”“南京——人间‘活地狱’”“国际安全区不安全”和“审判日本战犯”5个部分。2014年，侵华日军南京大屠杀遇难同胞纪念馆列入国务院公布的第一批国家级抗战纪念设施、遗址名录。2015年，以“世界反法西斯中国战区胜利”为主题的纪念馆三期扩建工程完工，于当年12月13日正式开馆。

近年来，在南京市中心大行宫、长江路一带，相继落成建于江宁织造旧址的江宁织造博物馆和建在六朝建康宫城遗址上的南京六朝博物馆。两馆布局紧凑，别具匠心，各有看点。

老字号是指历史悠久，拥有世代传承的产品、技艺或服务，具有鲜明的中华民族传统文化背景和深厚的文化底蕴，取得社会广泛认同，形成良好信誉的品牌。我国是一个历史悠久的文明古国，千百年的社会经济发展，孕育了众多具有浓郁民族特色、享誉国内外的老字号。据了解，建国初期我国约有老字号1万多家，分布在餐饮、零售、食品、酿造、医药、居民服务等众多行业，在满足消费需求、丰富人民生活、倡导诚信经营、延伸服务内涵、传承和展现民族文化等方面发挥了重要作用，在全国人民、海外华人和国际友人当中具有深远影响。老字号传承的技艺很多属于非物质文化遗产，而其传统建筑和老字号集中的商业街区则是不可移动文物的重要组成部分。

为了继承与发扬老字号所承载的独特技艺、精深服务理念和商业文化精髓，保护与弘扬优秀民族品牌，2006年商务部发出《关于实施“振兴老字号工程”的通知》，提出《“振兴老字号工程”工作方案》，开展针对全国老字号的普查，全面掌握老字号的发展情况，分门别类地记录老字号资料；制定“中华老字号”认定规范和实施细则，对老字号进行重新认定，并以商务部的名义授予牌匾和证书。该通知还同时配发了《“中华老字号”认定规范（试行）》。根据工作计划，商务部于2006年11月认定了第一批430家“中华老字号”。2007年,商务部制定和颁布《“中华老字号”标识使用规定》,凡获商务部认定的“中华老字号”企业或品牌(“中华老字号”企业)可启用“中华老字号”标识和文字(图1)。

图1 “中华老字号”标识——图形与文字首选标准组合

2008年,商务部联合发展改革委、教育部、财政部、住房和城乡建设部、文化部、税务总局、工商总局、质检总局、知识产权局、旅游局、银监会、证监会、文物局共14部门印发《关于保护和促进老字号发展的若干意见》,再次强调建立老字号名录体系及加强老字号文化和技艺的研究、保护和传承工作。2011年,商务部印发《关于进一步做好中华老字号保护与促进工作的通知》,并发布了“第二批保护与促进的中华老字号名录”345家。至此,“中华老字号”企业已达775家。

各地方也开展了老字号的普查和认证工作。2015年3月起,江苏省商务厅启动了首批“江苏老字号”的认定工作。7月公布“南京清真奇芳阁餐饮有限公司莲湖糕团店”等84家企业(品牌)为首批“江苏老字号”,同时“南京云锦研究所股份有限公司”等92家“中华老字号”企业依申请自动成为首批“江苏老字号”。南京市则于2013年展开首批“南京老字号”评选工作,于2014年公布44家企业为首批入选者,其中24家为美食老字号,占到半数以上。这样,南京市共计拥有“中华老字号”企业19家,“江苏老字号”30家(含“中华老字号”),“南京老字号”44家(含“中华老字号”“江苏老字号”)(表5)。

表5 南京市“老字号”企业(44家)

序 号	企业名称	注册商标	备 注
1	南京云锦研究所股份有限公司	吉祥牌	中华老字号
2	南京中央商场(集团)股份有限公司	中央	中华老字号
3	南京新街口百货商店股份有限公司	新百	中华老字号
4	南京同仁堂药业有限责任公司	乐家老铺	中华老字号
5	南京四明眼镜店有限公司	四明	中华老字号
6	南京宝庆首饰总公司	宝庆牌	中华老字号
7	南京韩复兴清真食品有限公司	韩复兴	中华老字号
8	南京白敬宇制药有限责任公司	白敬宇	中华老字号
9	南京金都饮食服务有限公司清真马祥兴菜馆	马祥兴	中华老字号

续表 5

序　号	企业名称	注册商标	备　注
10	南京金都饮食服务有限公司清真绿柳居菜馆	绿柳居	中华老字号
11	南京金都饮食服务有限公司永和园酒楼	永和园	中华老字号
12	南京吴良材眼镜总店	丝绸之路	中华老字号
13	南京夫子庙饮食有限公司奇芳阁菜馆	—	中华老字号
14	江苏中烟工业有限责任公司南京卷烟厂	南京	南京老字号
15	南京小苏州食品有限公司	小苏州	中华老字号
16	南京清真安乐园菜馆	安乐园	中华老字号
17	南京刘长兴餐饮有限责任公司	刘长兴	中华老字号
18	南京清真桃源村食品厂有限公司	蜜桃牌	中华老字号
19	南京冠生园食品厂集团有限公司	冠生园	中华老字号
20	南京奶业(集团)有限责任公司	卫岗	中华老字号
21	南京清真奇芳阁餐饮有限公司莲湖糕团	新奇芳	江苏老字号
22	南京精益眼镜有限责任公司	花牌楼	江苏老字号
23	南京金线金箔总厂	龙凤牌	江苏老字号
24	江苏华瑞国际实业集团有限公司工农兵	工农兵	江苏老字号
25	南京秦淮饭店有限公司金陵春酒楼	金陵春	南京老字号
26	南京马仕斌清真食品有限公司	—	南京老字号
27	南京鸡鸭加工厂	白鹭	江苏老字号
28	江苏老万宝银楼有限公司	老万宝	南京老字号
29	南京张小泉刀剪有限公司	—	南京老字号
30	南京大同床上用品有限公司	大同	江苏老字号
31	南京包顺兴面馆	包顺兴	江苏老字号
32	南京金都饮食服务有限公司江苏酒家	江苏酒家	南京老字号
33	南京市太平商场	太平商场	南京老字号
34	南京天环食品(集团)有限公司	天环	江苏老字号
35	江苏锦江南京饭店有限公司	江苏南京饭店	江苏老字号
36	南京福昌饭店	—	南京老字号
37	南京淳青茶业有限公司	淳青牌	南京老字号
38	江苏高淳陶瓷股份有限公司	玉泉牌	南京老字号
39	南京韩益兴餐饮管理有限公司	韩益兴	南京老字号
40	南京德意园食品有限公司	德意园	南京老字号
41	南京人民印刷厂	—	南京老字号
42	南京金春锅贴店	佰年金春	江苏老字号
43	南京三六九饮食文化有限公司	佰年三六九	江苏老字号
44	南京市高淳区百货大厦有限公司	—	南京老字号

4. Museums and China Time-honored Brand

Museum is a kind of cultural phenomenon that originated from people's collection. The modern museum emerged in Europe in the 18th Century that for the public as exhibition and education. It has become a palace for people to memorize history and integrate new culture, conveying culture and civilization. Nowadays, it plays an important role in the spiritual life and cultural undertaking.

According to the data offered by *2014 Nanjing Statistical Yearbook*, there are more than 50 museums and 780 053 preserved relics in Nanjing. All the museums have served for 22. 335 65 million tourists among which the historical museums cover 83%. Nanjing Museum and the Memorial Hall of the Victims in Nanjing Massacre are the country-level in them. Nanjing City Museum, the Taiping Heavenly Kingdom (1851—1864) Historical Museum, Nanjing Geology Museum and Meiyuan Village of Central Government Museum are the national secondary level. And the third-level ones are Nanjing Yunjin Brocade Museum, Nanjing Ming City Wall Museum, Qiuyu Mountain Cultural and Celebrity Museum and Jiangning District Museum. Below are the basic introductions of them.

China Time-honored Brand is an honored title granted by the Ministry of Commerce of PRC to enterprises in mainland China whose brand has a long history, products, techniques or services passed down through generations, with strong Chinese culture background and characteristics and is widely recognized by the society.

Jiangsu Time-honored Brand has launched by Jiangsu Business Office in March,

2015. 84 brands have been selected in the first patch and 92 China Time-honored joined in the list automatically. Half of them are food corporations. Undoubtedly, it is of great significant to inherit and develop the unique skills, considerate service concept and profound business culture of the Time-honored Brands.

5 旅游景区、景观道

山水城林的独特格局，星罗棋布的文物遗迹，兼容南北的民俗风情，使南京成为一座休闲旅游城市。春牛首，秋栖霞，夏览钟阜晴云，冬观石城霁雪，四时游赏，其趣无穷。在诗仙李白的口中，金陵城清丽淡雅，“二山半落青天外，二水中分白鹭洲”；一代名相王安石更盛赞“千里澄江似练，翠峰如簇”“彩舟云淡，星河鹭起，画图难足”。早从明代起，就有人集萃金陵胜景，以诗词歌咏，以图画描摹。明万历年间(1573—1620)，朱之蕃编成《金陵四十景图考诗咏》，郭仁绘《金陵八景图卷》，到清朝初年高岑绘《金陵四十景图》，乾隆年间(1736—1795)，吴敬梓写二十三首《金陵景物图诗》，再到宣统年间(1909—1912)，徐上添画《金陵四十八景》画册，“金陵四十八景”成为南京风光的典型代表。它们分别是：石城霁雪、钟阜晴云、鹭洲二水、凤凰三山、龙江夜雨、虎洞明曦、东山秋月、北湖烟柳、秦淮渔唱、天印樵歌、青溪九曲、赤石片矶、楼怀孙楚、台想昭明、杏村沽酒、桃渡临流、祖堂振锡、天界招提、清凉问佛、嘉善闻经、鸡笼云树、牛首烟岚、栖霞胜景、达摩古洞、燕矶夕照、狮岭雄观、化龙丽地、来燕名堂、报恩寺塔、永济江流、莫愁烟雨、珍珠浪涌、长干故里、甘露佳亭、雨花说法、星岗落石、长桥选妓、幕府登高、谢公古墩、三宿名岩、神乐仙都、灵谷深松、献花清兴、木末风高、凭虚远眺、冶城西峙、商飙别馆、祈泽池深。

随着时间的推移，景点有废有兴，而南京的魅力有增无减。1982 年，南京成为国务院公布的首批中国历史文化名城之一，钟山风景名胜区名列国务院公布的第一批国家级风景名胜区；1998 年南京荣膺国家旅游局命名的第一批中国优秀旅游城市。2012 年，南京市政府部门及金陵晚报社共同发起“新金陵四十八景”的评选活动，把更多新的人文景点和新的建设纳入其中，让“金陵四十八景”紧贴时代脉搏，旧曲又翻新声。新金陵四十八景涵盖了南京新老旅游品牌，分别是：中山伟陵(中山陵)、孝陵香雪(明孝陵)、十里秦淮(夫子庙—秦淮风光带)、幕燕长风(幕燕滨江风光带)、紫台观天(紫金山天文台)、玄武烟柳(玄武湖)、明城龙蟠(明城墙)、雨花丹青(雨花台)、甘家大院(甘熙宅第)、高淳老街、桠溪慢城(高淳桠溪国际慢城)、泉涌珍珠(珍珠泉)、冶矿探幽(冶山国家矿山公园)、牛首烟岚(牛首山风景区)、南博藏珍(南京博物院)、石城清凉(清凉山与石头城)、天妃静海(静海寺与天妃宫)、云锦天工(南京云锦博物馆)、莫愁烟雨(莫愁湖公园)、朝天宫阙(朝天宫)、阅江揽胜(阅江楼)、紫峰凌霄(紫峰大厦)、颐和公馆(颐和路公馆区)、天堑飞渡(南京长江大桥)、汤山温泉、汤山猿洞(汤山古猿人洞)、阳山碑材、瞻园玉堂(瞻园)、南大北楼(南京大学北大楼)、方山天印(江宁方山)、栖霞丹枫(栖霞山、栖霞寺)、梅园风清(梅园新村)、鼓楼钟亭(鼓楼公园和大钟亭)、南唐二陵、奥体中心(南京奥林匹克体育中心)、老山深林(老山国家森林公园)、故宫沧桑(明故宫遗址)、天生胭脂(胭脂河与天生桥)、石柱奇观(六合石柱林)、金陵经典(金陵刻经处)、浦站背影(浦口火车站旧址)、站映湖光(南京火车站)、存史警世(侵华日军南京大屠杀遇难同胞纪念馆)、宝船遗址(南京郑和宝船遗址公园)、金陵兵工(晨光 1865 科技·创意产业园)、鸡鸣春晓(鸡鸣寺)、枢府春秋(总统府)、南朝石刻。

1999 年,国家质量技术监督局批准了国家旅游局报送的《旅游区(点)质量等级划分与评定标准》,由国家旅游局归口管理,从此开始了对景区的分级评定工作,合格景区获得相应的 A 级,称 A 级景区。起初以 AAAA 为最高级别,2001 年国家旅游局宣布了首批 AAAA 级旅游景区,南京的中山陵风景名胜区、雨花台风景名胜区和夫子庙秦淮风光带榜上有名。2004 年发布修订的《旅游区(点)质量等级划分与评定标准》,核心内容是将景区评定的最高级别从 AAAA 增加到了 AAAAA。评定标准包括服务质量,环境质量、景观质量,游客意见 3 个大项,下设共 12 个子项,每项赋予分值,总分 1 000,AAAAA 不低于 950 分。2007 年公布了第一批国家 AAAAA 级旅游景区,南京市钟山风景名胜区—中山陵风景区名列其中。2010 年南京市夫子庙—秦淮河风光带景区也升级为 AAAAA。据南京市旅游委员会统计,截至 2014 年底,南京市有国家等级旅游景区 53 家,其中 5A 级景区 2 家,4A 级景区 16 家,3A 级景区 19 家,2A 级景区 16 家(表 6)。另外有全国工农业旅游示范点 17 家,其中农业旅游示范点 12 家,工业旅游示范点 5 家;省、市级旅游度假区 6 家;省自驾游基地 3 家;省星级乡村旅游点 35 家,其中四星级以上乡村旅游点 22 家。

表6　南京的A级旅游景区(53家)

序　号	景区名称	位　置	备　注
1	中山陵风景区	玄武区钟山风景区	AAAAA
2	夫子庙—秦淮河风光带	秦淮区秦淮风光带	AAAAA
3	雨花台风景区	雨花台区雨花路215号	AAAA
4	南京博物院	玄武区中山东路321号	AAAA
5	总统府	玄武区长江路292号	AAAA
6	玄武湖景区	玄武区玄武巷1号	AAAA
7	南京市博物馆	秦淮区朝天宫4号	AAAA
8	梅园新村纪念馆	玄武区汉府街18—1	AAAA
9	侵华日军南京大屠杀遇难同胞纪念馆	建邺区水西门大街418号	AAAA
10	南京科技馆	雨花台区紫荆花路9号	AAAA
11	栖霞山风景区	栖霞区栖霞街88号	AAAA
12	红山森林动物园	玄武区和燕路168号	AAAA
13	阅江楼景区	鼓楼区建宁路201号	AAAA
14	珍珠泉风景区	浦口区珍珠街178号	AAAA
15	南京明文化村(阳山碑材)	江宁区汤山街道	AAAA
16	周园	溧水区白马(镇)白袁路88号	AAAA
17	高淳老街历史文化景区	高淳区淳溪镇中山大街	AAAA
18	高淳国际慢城	高淳区桠溪镇	AAAA
19	石头城遗址公园	鼓楼区石头城路99号	AAA
20	乌龙潭公园	鼓楼区广州路217号	AAA
21	宝船厂遗址公园	鼓楼区漓江路57号	AAA
22	幕燕滨江风貌区	鼓楼区中央北路五塘村129号	AAA
23	将军山风景区	雨花台区铁心桥街道高家库村	AAA
24	方山国家地质公园	江宁区东山街道方山景区	AAA
25	汤山紫清湖生态旅游度假区	江宁区汤山街道环镇北路8号	AAA
26	银杏湖旅游度假区	江宁区谷里镇银杏湖1号	AAA
27	南山湖旅游度假区	江宁区铜井镇双虎村	AAA
28	江宁台湾创意农业旅游区	江宁区横溪街道科一路台湾创意农业旅游区	AAA
29	游子山国家森林公园	高淳区游子山环山路6号	AAA
30	大金山风景区	溧水区东屏镇金山路99号	AAA
31	天生桥风景名胜区	溧水区天生桥风景区	AAA

续表 6

序 号	景区名称	位 置	备 注
32	傅家边科技园	溧水区洪蓝镇	AAA
33	老山国家森林公园	浦口区江浦街道老山国家森林公园	AAA
34	求雨山文化名人纪念馆	浦口区江浦街道雨山路 48 号	AAA
35	金牛湖风景区	六合区八百桥镇金牛湖风景区	AAA
36	冶山国家矿山公园	六合区冶山镇	AAA
37	平山森林公园	六合区马鞍镇平山风景区	AAA
38	燕子矶景区	栖霞区临江路 3 号	AA
39	牛首山唐明文化旅游区	江宁区牛首山	AA
40	南京市蔬菜花卉科学研究所科技园	江宁区横溪街道	AA
41	锁石农业旅游村	江宁区汤山街道锁石村	AA
42	湖熟奇水园	江宁区湖熟街道周岗社区徐贤路 188 号	AA
43	龙山上庄园	江宁区谷里街道元山社区	AA
44	六顺生态农艺园	江宁区江宁街道陆郎社区	AA
45	金波渔港	江宁区秣陵街道白沟路	AA
46	黄桥滩渔家乐	江宁区禄口街道黄桥滩渔场	AA
47	雁南飞生态观光园	江宁区江宁街道陆郎社区	AA
48	鑫农庄景区	江宁区禄口国际机场南区金铜路 1088 号	AA
49	迎湖桃源	高淳区阳江镇永胜圩	AA
50	银林生态农业园	高淳区东坝镇	AA
51	瓜埠山景区	六合区瓜埠镇国家地质公园瓜埠山景区	AA
52	桂子山石柱林景区	六合区冶山镇国家地质公园桂子山景区	AA
53	灵岩山风景区	六合区雄州街道灵岩山峰景区	AA

南京素以“人文绿都”著称，城市林荫道景观极富特色。在南京主次干道，常见的行道树品种包括悬铃木(法桐)、香樟、本槐、女贞、栾树、榉树、臭椿、雪松、薄壳山核桃、梓树、合欢等。此外，还有以樱花、银杏、水杉、桂花等为特色的主题大道。如北京西路以银杏为特色，从鼓楼到宁海路的北京西路两侧，种植了大量银杏，尤其是上世纪 70 年代栽种的 300 棵银杏，都已长到了 15 米高左右，每到秋冬季节，这里就满树金黄。太平北路以水杉为特色，道旁的水杉高大挺拔，为太平北路沿线营造了清幽、典雅的氛围。明故宫路很幽静，加上道路两侧的银杏、香樟，景色优美。鸡鸣寺路两旁遍植樱花，每到花季，游人如织。明孝陵景区内的石象路，两侧植银杏树和枫树，秋天金黄的银杏与火红的枫树交相辉映，美不胜收。中山陵内从盘山

道行至天文台，整个景区的叶类植被十分茂密，深秋过后，落叶满地。雨花台区花神大道是专门打造的一条花卉主题大道，马路两侧及中央绿岛栽种了 1 200 株樱花树，樱花盛开时，总会吸引众多市民前来赏花。

南京市从 2013 年开始创建林荫道，先后公布过 4 批林荫道共 150 条。2015 年 7 月，南京市政府从 150 条林荫道中筛选出 50 条，认定为首批“绿色廊道”(表 7)。这些绿色廊道比一般的林荫道更长、更成规模，而且很多直接和南京的历史文化片区相连。“绿色廊道”按一定的评选标准选出，其中“绿荫覆盖率”是指树冠在地面上的投影面积加上树本身的面积。其他标准还包括道路最小长度不小于 500 米，树种以落叶树为主，树种、规格基本一致；树干挺直、树冠圆整等景观要求；树木生长正常，无枯枝等长势要求等。满足这些要求的“绿色廊道”比普通林荫道遮阴效果更好。目前，绿色廊道上的主要行道树种类有悬铃木、银杏、雪松、枫杨、水杉、国槐、薄壳山核桃和香樟等，其中 80%以上是悬铃木，其次是香樟和雪松。悬铃木、香樟这两个树种比较容易形成庞大而浓密的树冠，遮阴效果极佳。不远的将来，“绿色廊道”将串联成网，成为“林荫网络”，为南京城带来更多的绿意、美感和清凉。

表 7　南京市第一批“绿色廊道”名录(50 条)

序　号	道路名称	路　段	主要行道树品种
1	中山路	鼓楼—新街口	悬铃木
2	西康路	北京西路—宁夏路	悬铃木
3	北京西路	宁海路—虎踞路	悬铃木、银杏
4	颐和路	西康路—宁海路	悬铃木
5	汉中路	中山路—虎踞路	悬铃木
6	北京东路	鼓楼广场—龙蟠中路	雪松
7	汉口路	中山路—青岛路	香樟
8	宁夏路	江苏路—西康路	悬铃木
9	扬州路	苏州路—西康路	悬铃木
10	中央路	中央门—鼓楼	悬铃木
11	江苏路	宁海路—山西路	悬铃木
12	长乐路	中山南路—小心桥	悬铃木
13	解放路	中山东路—瑞金路	悬铃木
14	建邺路	中山南路—虎踞南路	香樟
15	苜蓿园大街	中山门大街—光华路	香樟
16	瑞金路	解放路—龙蟠中路	悬铃木
17	酒精厂路	龙蟠中路—象房村路	悬铃木

续表 7

序　号	道路名称	路　段	主要行道树品种
18	雨花路	长干桥—应天大街	悬铃木
19	雨花东路	雨花路立交—龙蟠南路	香樟
20	共青团路	雨花西路—雨花南路	香樟
21	雨花南路	花神大道—雨花东路	悬铃木
22	花神大道	紫荆花西路—软件大道	悬铃木
23	梦都大街	江东路—凤台南路	悬铃木
24	北圩路	汉中门大街—水西门大街	悬铃木
25	长虹路	水西门大街—应天大街	悬铃木
26	恒山路	河西大街—金沙江东街	悬铃木
27	黄埔路	珠江路—中山东路	悬铃木
28	长江路	太平北路—中山路	悬铃木
29	童卫路	中山门大街—紫金路	悬铃木
30	中山东路	中山门—中山路	悬铃木
31	成贤街	北京东路—珠江路	枫杨
32	四牌楼	太平北路—进香河路	悬铃木
33	高楼门	大钟亭—傅厚岗	悬铃木
34	汉府街	中山东路—长江路	悬铃木
35	进香河路	北京东路—珠江路	水杉
36	陵园路	中山门大街—陵前路	悬铃木
37	环陵路	宁镇路—仙林大道	悬铃木、香樟
38	城东路	珠泉路—河滨路	悬铃木
39	新华路	太子山路—葛关路	香樟、悬铃木
40	凤凰东路	葛关路—凤凰北路	悬铃木
41	凤凰南路	凤凰北路—杨新路	悬铃木
42	太子山路	新华路—凤凰南路	悬铃木
43	高科八路	学府路—新科四路	香樟
44	西山路	孔子路—孔子路	香樟
45	新科三路	星火路—知行路	香樟
46	高新路	学府路—新科四路	香樟
47	文枢东路	学衡东路—仙隐北路	香樟
48	行知路	翠坪路—西山路	悬铃木
49	莱茵达路	天元东路—诚信大道	香樟
50	景明大街	锦文路—中环大道	香樟

5. Tourist attractions and Scenic Routes

Nanjing has become a city of leisure and tourism for her mountain-water-greens surroundings, the scattered historical relics and the folk culture absorbing the north and south. She became one of the historical and cultural cities (first patch) in China selected by State Council.

CSBTS (State Bureau of quality Technical Supervision) approved the standard and grades of tourist areas submitted by National Tourism Administration in 1999, which started the grading towards all the tourism areas with letter A as the grading score. Sun Yet-sen Mausoleum and Confucius Temple with Qinhuai River in Nanjing are both ranked AAAA level resorts in 2001. And by the end of 2014, 2 resorts in Nanjing have been graded as AAAAA level and 16 as AAAA.

Known as the city of humanism and nature, the avenues and boulevards in Nanjing are of great distinguished characteristics. Citizens have been quite familiar with the sycamore, cinnamomum camphora, privet, etc. Beijing Western Road is famous for the more than 15-meter gingko trees and Taiping North Road for metasequoia trees. The gingko and red maple trees create magnificent scene in Ming Xiaoling Tombs. Huashen Avenue in Yuhua District is particularly unique themed with 1 200 sakura trees. In the coming future, all the avenues and boulevards in Nanjing interweave into "the net of green", bringing more natural beauty and shady cool.

行走篇

1. 诗韵石城——文学南京游

【概述】

著名文人朱自清曾在其散文《南京》中感叹:“逛南京像逛古董铺子,到处都有些时代侵蚀的遗痕。你可以摩挲,可以凭吊,可以悠然遐想;想到六朝的兴废,王谢的风流,秦淮的艳迹”。

文人与南京从来都是一段剪不断理还乱的缘分,文人在此驻足,看到江河秀丽,是吟咏山川的激荡心情,看到旧国废都,便不免有怀旧伤时的悲悯情怀,至于登高望远,留恋秦淮温柔乡,自是有另一段故事。六朝时有志人、志怪小说《世说新语》《搜神记》,其中有不少涉及南京的典故;隋唐时“金陵怀古”诗佳作不断,如李白的《登金陵凤凰台》、崔颢的《长干曲》、杜牧的《台城曲》、刘禹锡的《金陵五题》等;五代时,南唐词发展显著,“词中之帝”李煜写下了很多杂糅故国之思与个人情感的词作,成为中国文坛上不容遗忘的词作家;宋元时,王安石、李清照、陆游、范成大、杨万里等诗词大家寄居南京;明清时期,《红楼梦》《儒林外史》《板桥杂记》与《桃花扇》四部文学经典作品均与南京有密切联系,它们或成书于南京,或以南京为写作背景,至今尚能在南京找到书中原型的旧址;民国时,南京作为南方重要的政治中心,其文学发展呈现出新旧文学各放其彩的状态,更是成为古典文学的创作和研究中心。

南京是中国文学史上重要的城市之一。无数文学家在南京驻足,留下了数量巨大的文学遗产,仅在南京居住过并留下故居的文学家就有几百位,赵翼说袁枚“爱住金陵为六朝”,林则徐也说“官爱江南为六朝”。若说南京是文人无法言说的情怀,那么对于文学爱好者而言,这里便是文学朝圣地,在这里他们可以亲身体验在《儒林外史》《红楼梦》等古典名著以及张恨水的民国小说中所刻画的金陵,也可以重游文学家的生前游踪、故居和墓地。

南京大学中文系教授程章灿曾赞道“南京是文学的宠儿”，这种偏爱不仅体现在文人墨客的诗词歌赋中，也体现在市井百姓的日常生活里。清代吴敬梓的小说《儒林外史》里有这么一段，两个挑粪工边干活边谈话，一个对另一个说，等挑完这桶粪，我们先去永宁泉茶社吃口茶，再去雨花台看落日。主人公听到之后不禁感叹道，“真乃饭佣酒保之流，行事皆有六朝烟水气”。实在是令人神往，我辈虽非“挑粪工”，却难有如此闲情雅致，不禁汗颜。

目前旅游市场上专以文学为主题的线路寥寥无几，如果读者在读过前文中对南京文化遗产的描述后，对南京的文学景点产生兴趣，想去重游小说中的场景街道，或者凭吊纪念心中喜爱的文人，不妨继续读下去，选择一条心仪的线路，感受南京作为文学城市的魅力。

【Introduction】

“To visit Nanjing is like to stroll around antique stores carried with historic memories—caress, reminiscence and reverie of the ancients and anecdotes in the Six Dynasties.” It is said by Zhu Ziqing, one of the most famous litterateurs in modern China.

The relationship between litterateurs and Nanjing has always been indescribable delicate. When facing to the splendid landscapes, they would be aspired with ambition; while to the dilapidated relics, sorrow and mourning would linger in their hearts. And for those who were born in Nanjing, foresight viewing is the sustenance of homesickness.

The Chinese ancient novels *Shih Shuo Hsin Yu* and *In Search Of Supernatural* are both created with the background in Nanjing. In Sui and Tang Dynasties, a continuous flow of poems with the theme of history-memorization came out represented by Wang Changling, Li Bai, Cui Hao, Du Mu, Liu Yuxi, etc. In the Five-Dynasties, Ci has stood out in the literature palace with a famous poet named Li Yu. When it comes to Song and Yuan Dynasties, several well-known poets settled down in Nanjing. The four Chinese classical novels, *A Dream In Red Mansions*, *The Scholars*, *Banqiao Notes* and *The Peach Blossom Fan* are all closely linked to Nanjing in Ming and Qing dynasties. Some old sites in the books can still be found today. In the period of the Republic of China, Nanjing, as the vital political center, brought newly fresh vitality into the development of Nanjing local literature, which also promoted her to become the center of Chinese classical literature.

As one of the most important cities in ancient China, Nanjing used to be the Tender Land of countless litterateurs and numerous literary heritages. For the literature lovers, she is the holy and pure paradise to experience ancient Jinling City depicted in the traditional Chinese novels as well as to revisit the former residences and tombs of literary celebrities.

As the saying by Cheng Zhangzan, the Professor in the School of Chinese Language and Literature of Nanjing University goes that, "Nanjing is the favorite of literature", the favor towards Nanjing come from not only literatures but the daily life of local Nanjing people. Here is a vivid scene in *The Scholars*, a novel by Wu Jingzi in Qing Dynasty: Two workers were chatting on to have some tea in Yongningquan Teahouse and to watch the sunset on Yuhua Terrace afterwards while working. The lower-class people still remain the leisure interest, let alone the scholars!

The tour routes runs under the theme of Chinese literature are not quite many in the current tour market. Here are these well-designed routes for readers to get a deeper understanding of Chinese literatures and ancient scholars so as to experience Nanjing, this charming city full of cultures.

【线路推荐】

1. 夫子庙历史街区文学游览线路 江南贡院——乌衣巷——王谢古居——李香君故居(媚香楼)——古桃叶渡——吴敬梓故居——淮清桥——文正桥——东水关遗址——白鹭洲公园

2. 老城南文学名家故居游览线路 萧衍旧居(光宅寺)——周处读书台——李渔旧居(芥子园)——东长干巷公园、长干桥——甘熙宅第(南京市民俗博物馆)

3. 南京民国文学旅游线路 梅园新村雍园1号——南京1912街区——东南大学——丹凤街——小粉桥(拉贝故居)——南京大学(赛珍珠故居)——南京师范

大学附属中学(鲁迅纪念馆)——浦口火车站

4. 城市休闲文学旅游线路 大行宫——乌龙潭公园——朝天宫——莫愁湖公园

5. 滨江文学旅游线路 清凉山公园(扫叶楼、崇正书院)——石头城——阅江楼——浦口火车站——幕府山——燕子矶

6. "文学南京"诗词之旅 鸡笼山——台城——玄武湖(梁州)——石头城——清凉山——乌衣巷——凤凰台(阮籍墓)——长干里

7. "文学南京"名著之旅 李香君故居——江南贡院——吴敬梓纪念馆——江宁织造博物馆——乌龙潭公园——红楼艺文苑

【线路详览】

夫子庙历史街区文学游览线路

简介:夫子庙主体——文庙和学宫等与秦淮河相映成趣,以此为轴线,该线路西起贡院街,东至东水关遗址,南达中华门城堡外的长干桥。主要街道有:金陵路、贡院西街、龙门街、贡院街、大石坝街、状元境等6条道路,以步行为主。

交通:乘地铁1号线至三山街站下;或乘坐地铁3号线至夫子庙站下

线路安排:江南贡院——乌衣巷——王谢古居——李香君故居(媚香楼)——古桃叶渡——吴敬梓故居——淮清桥——文正桥——东水关遗址——白鹭洲公园

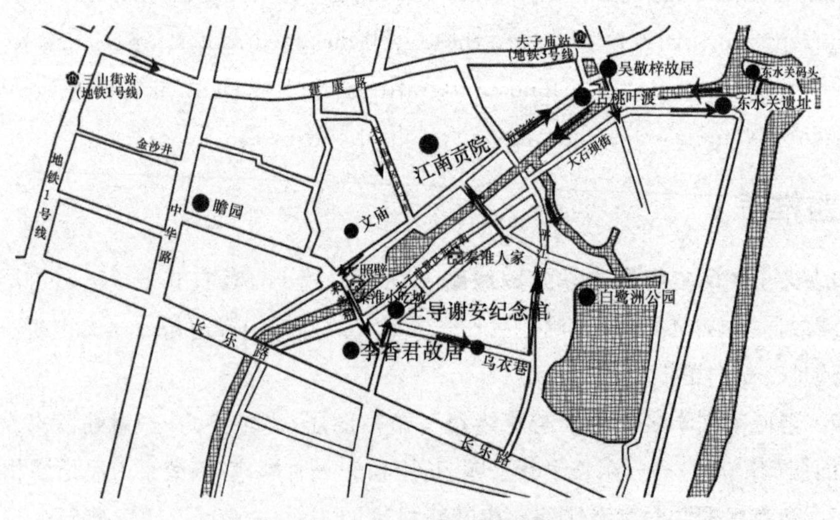

夫子庙历史街区文学游览线路图

江南贡院东起姚家巷，西至贡院西街，其始建于南宋，后经不断扩建，至清光绪年间(1875—1908)已形成一座考生号舍达 20 644 间的中国最大考场，目前已被改作南京江南贡院历史陈列馆，这里曾走出唐伯虎、郑板桥、吴敬梓、吴承恩、方苞、袁枚等文学家。目前在这里可以看到明远楼、衡鉴堂、至公堂等古建筑。站在明远楼上，你可以体验到古代监考官监控考场的情景，你也可以在后人复原的号舍外看到模拟江南乡试的塑像，看到奋笔疾书的考生们。也许当年吴敬梓也是根据在江南贡院目睹到的众生相，才会写出如范进那般痴狂的书生。

走出江南贡院，向西行会看到夫子庙小商品市场，在这里游客不难找到文房四宝、折扇等具有古代文人气质的纪念商品。回到贡院西街后，向南走过文德桥进入大石坝街，著名的乌衣巷和王谢古居便栖居此地。中唐诗人刘禹锡的诗作《乌衣巷》中的"旧时王谢堂前燕"流传千年，也为乌衣巷的千古留名增辉不少。

走出乌衣巷，回到大石坝西街，便能看到媚香楼，它便是李香君故居。李香君是明末"秦淮八艳"之一，同时也是著名戏剧《桃花扇》中的人物，她身份低下却品格高尚，成为了中国文学史上一抹独特的身影。目前在此建起了李香君故居陈列馆，再现了《桃花扇》的故事场景。站在楼上沿河的窗口前，放眼可见文德桥上的车水马龙和夫子庙的高墙崇殿。

从李香君故居走出可沿大石坝街步行至平江桥，进入新姚家巷后，便能看到古桃叶渡和吴敬梓纪念馆。相传淮清桥旁的桃叶渡，因东晋大书法家王献之在此迎接其爱妾桃叶并作《桃叶歌》而得名。

吴敬梓故居陈列馆位于南京清溪河与秦淮交界处，毗邻古桃叶渡，名为秦淮水亭。吴敬梓是清朝著名的讽刺文学家，有《儒林外史》传世，因移居秦淮河畔，而自称"秦淮寓客"。陈列馆内有吴敬梓生平事迹展览，另有《儒林外史》的各种版本和插图及根据《儒林外史》有关章节绘制的连环画作品，还有《儒林外史》问世以后的有关研究文章。目前该纪念馆也是全国吴敬梓研究中心，吸引了众多文学爱好者。

与桃叶渡隔江对望的是淮清桥旧址。此地的旖旎风光曾吸引刘禹锡、韦庄、王昌龄、岑参等唐代诗人寓居此地，尽管这些旧居已经不复存在，但重游淮清桥，以诗人的视角再次观赏秦淮河及其两岸的风光，仍别有人文氛围。

过文正桥沿江东行可至东水关遗址，东水关遗址是南京市文物保护单位，距今已有 1 000 多年的历史。在此稍歇至夜幕降临后，可在东水关码头乘坐秦淮画舫游览秦淮河并直接进入白鹭洲公园，观看大型水上实景演出《夜泊秦淮》。

秦淮河自南朝起两岸就成为了名门望族聚居之地，也是文人墨客荟萃的地方。

唐代大诗人杜牧夜泊秦淮，听闻歌女还在吟唱陈后主的《玉树后庭花》，不禁遐思万千，写下了著名的诗篇《泊秦淮》。明清时期秦淮河更是成为了江南佳丽之地，歌女在此笙歌燕舞，雅士流连此间，留下了无数才子佳人的动人故事，其中以清代剧作家孔尚任的《桃花扇》最有名。而现代著名文学家朱自清、俞平伯在19世纪20年代共游秦淮，并各自留下了著名的散文游记《桨声灯影里的秦淮河》。进入白鹭洲公园后，可在夜晚演出开始前稍作游览。历史上独具野趣景色的白鹭洲，一直是许多著名文人诗酒欢会的雅集之地。

美食与住宿：

秦淮小吃城位于秦淮河边、来燕桥畔，与夫子庙步行街西牌坊隔街相望。夫子庙小吃闻名遐迩，现有的饮食店主要分为教帮（回教）、京苏帮、浙绍帮、淮扬帮四大帮口特色，多集中在呈丁字形的贡院街和贡院西街上。你可以选择位于秦淮河畔的秦淮人家，一边欣赏秀丽的河景，一边品尝正宗的淮扬菜；也可以选择南京特色小吃的汇集地——晚晴楼，坐在仿古风格的建筑里，点上一碗南京最著名的鸭血粉丝汤；在媚香楼饮食文化厅，可以品尝到独具风味的“香君小宴”。当然你肯定会被鳞次栉比的店铺门口的盐水鸭所吸引，来到被称为“鸭都”的南京，这道举世闻名的美食自然不可错过。

在夫子庙景区内步行街两侧，分布着众多高级酒店或快捷酒店，你可以在秦淮人家饱食后，步行到附近的秦淮人家宾馆休息，也可以在大石坝街48号找到如家快捷酒店。

老城南文学名家故居游览线路

简介：此条线路以老城南文学名家故居游览为主题，以文学家生平及居住地为主要游览内容，可将其作为夫子庙游览线路的补充。线路起点靠近夫子庙，步行可至。

交通：乘地铁1号线至三山街站下；或乘坐地铁3号线至夫子庙站下

线路安排：萧衍旧居（光宅寺）——周处读书台——李渔旧居（芥子园）——东长干巷公园、长干桥——甘熙宅第（南京市民俗博物馆）

秦淮区城南“老虎头”，古称“娄湖头”，曾为三国东吴名臣张昭居住地，目前在此有两处相互毗邻的文学旅游景点，一是“周处读书台”，是为东晋时孝侯周处居住此地时发奋读书的地方，历史上与其相关的文学故事有“周处除三害”和“浪子回头金不换”；二是萧衍旧居（光宅寺），是梁武帝萧衍未发迹时曾居住过的地方，而萧衍

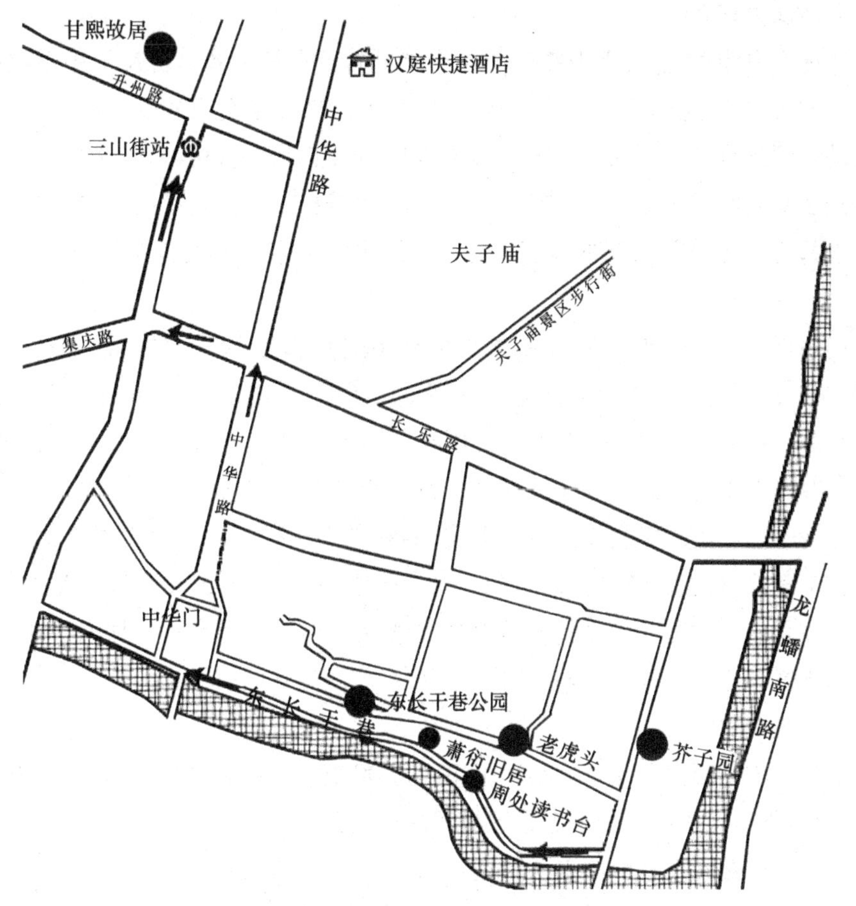

老城南文学名家故居游览线路图

其人在历史上除了其政治地位外，他的文学地位同样不可小觑，萧衍作为“竟陵八友”之首，精通诗赋，为格律诗词的发展奠定了基础。目前周处读书台和光宅寺同为南京市市级文物保护单位。

在老虎头还有一处文人旧居，即明末清初时的著名文学家李渔旧居——芥子园。李渔一生留下了近二十部剧本，同时建立了丰富而全面的戏剧理论体系，留下了著名的《闲情偶寄》一书(该书系成书于金陵)。同时他也是一位小说家，著有《十二楼》《肉蒲团》等文学作品。作为诗人他留下了一千多首诗词。中国传统绘画的经典课本《芥子园画谱》也刻印于南京。芥子园不仅是李渔生活居住的地方，同时也是他进行戏剧创作和演出、刻印出版书籍的场所，还是其园林理论的最好展示。目前，在政府和民间的多方努力下，金陵名园芥子园的重建修复已被写进南京历史文化名城保护规划中。

老虎头东接雨花门，由雨花门向西行就进入了东长干巷。古长干里不仅因其是古越城所在地，还因是南京的佛教中心，自古以来便是文人歌咏赞颂之地，留下无数动人的诗篇，如李白的《长干行》、崔颢的《长干曲》、郑板桥的《长干里》，历史上也有众多文人曾在此居住，如晋代著名文学家“二陆”——陆机、陆云兄弟等。在古长干里的遗址上目前已建成东长干里公园，在此游客能够稍作歇息并欣赏宜人风景。

向西走出西长干巷，沿中山南路向北走，在三山街十字路口的左前方有著名的甘熙宅第，位于南捕厅历史文化街区，现为南京市民俗博物馆。甘熙宅第建于清朝嘉庆年间(1796—1820)，素有“九十九间半”之称，是清代南京最大的平民住宅，完整地保存了南京老城南民居建筑特色。津逮楼仿浙江宁波“天一阁”建造，内曾藏有甘氏父子遍访吴越所收集到的十万册书籍，其中包括了大量珍贵古籍，如《金石录》《白下琐言》《建康实录》仿宋木刻版等。原楼 1853 年毁于太平军战火，2007 年重建。在景区内的听秋阁文化餐饮会中能够品尝到特色美食——甘家小吃，同时还可以观看不定期举办的京剧、黄梅戏、昆曲、越剧等戏曲表演。

美食与住宿：

从甘熙宅第到夫子庙景区路程很短，步行可至，所以如果甘家小吃并不能满足你的胃口，你也可以回到夫子庙景区继续品尝美食。

在此条线路终点甘熙宅第的附近，分布着众多快捷酒店。走出甘熙宅第，继续向北，你可以发现一家汉庭快捷酒店，也可以返回三山街地铁站，这里有如家快捷酒店等。

南京民国文学旅游线路

简介：民国时期，南京是全国政治文化中心，另外南京作为民国时期古典文学和新文学发展的中心，是近现代文学家来此求学或工作的重要城市，如鲁迅、张爱玲、朱自清、郭沫若、张恨水、程千帆等文学家，都在此留下了大量文学作品和生活踪迹。民国文学作为南京城市文化的重要组成部分，是吸引文学爱好者和旅游者的重要文化名片。

交通：乘地铁 2 号线或地铁 3 号线至大行宫站下

线路安排：梅园新村雍园 1 号——南京 1912 街区——东南大学——丹凤街——小粉桥(拉贝故居)——南京大学(赛珍珠故居)——南京师范大学附属中学

（鲁迅纪念馆）——浦口火车站

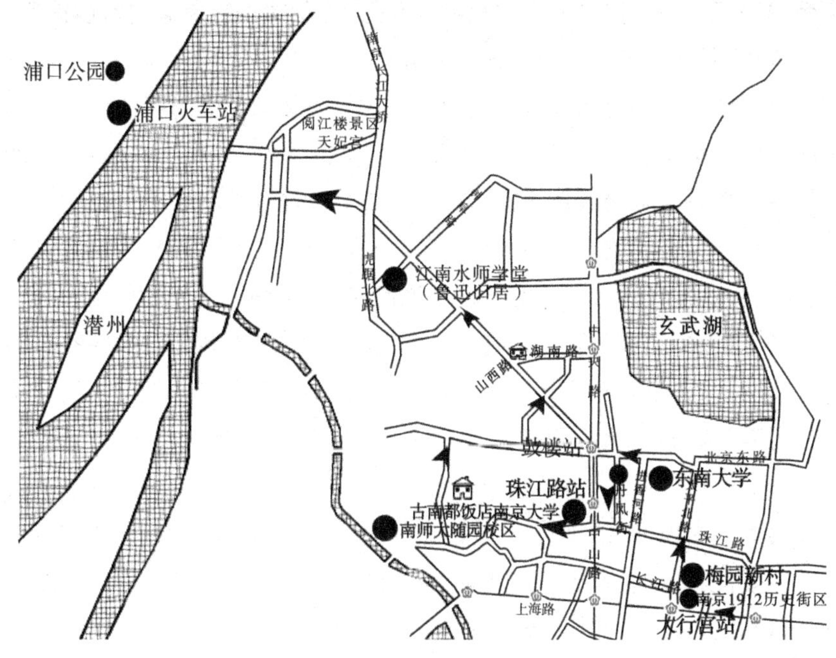

南京民国文学旅游线路图

雍园位于龙蟠中路与珠江路相交处，雍园1号民国时期曾为当时国民党高级将领白崇禧的公馆，其子白先勇是为两岸人民所熟知的著名文学家，代表作有《孽子》，后致力于改编昆曲《牡丹亭》。走近雍园1号，在这条曾经居住过民国名门望族的街区里，想起白先勇和他笔下的人物，无不是从南京到台北，不禁让人感叹物是人非，如过眼云烟。

1912民国历史文化街区位于长江路与太平北路交汇处，紧邻总统府，为重新修缮的仿民国建筑风格的街区，该街区建筑风格拥有着浓郁的民国风情，另外，餐饮休憩设施齐全，在此小憩，能够领略到民国与现代文明交融的奇异美感。

南京民国文教区包括清凉山至四牌楼一带，现有学校南京师范大学、南京大学和东南大学，布局、建筑单体保存情况尚好。民国时期中外文学家曾至中央大学大礼堂（今东南大学四牌楼校园内）授课讲学，如泰戈尔、赛珍珠等，也有众多文学家在此执教居住。今南京大学校园内有近代著名文学家赛珍珠故居，在这里这位作家完成了《大地》一书的撰写。

值得注意的是，这条线路贯穿了众多高校，充满了小资情调。如果你喜欢看书，可以选择在南京大学附近的先锋书店驻足，在这家被称为“异乡者们的精神家园”的书店里，你不仅可以买到心仪的书籍，甚至还有可能赶上一次文学沙龙活动，相信宽敞的阅读空间和安静惬意的氛围，能够为你提供一次难忘的阅读体验。

由四牌楼西行，穿过丹凤街可达小粉桥。此段街道保留了较为浓郁的南京市井风情，而丹凤街也曾是民国通俗章回体小说家张恨水先生的居住地。阅读张恨水先生的市民文学作品，再重游书中的那座城市会别有氛围。《拉贝日记》的作者拉贝曾经在小粉桥1号院居住7年，在这里拉贝曾收留过南京的大批难民。如今拉贝旧居已被列为全国重点文物保护单位，国家级抗战纪念设施、遗址之一。

走出拉贝故居，向北沿中央路直行至湖南路，这里的军人俱乐部里有长三角图书批发市场，可以买到最新版的折扣书。向西走出湖南路穿过山西路经由新模范马路进入察哈尔路，抵达南京师范大学附属中学，这里有鲁迅纪念馆，纪念这位著名文学家曾经在南京江南水师学堂求学的经历，以介绍鲁迅在南京的生平事迹为主。

从南师大附中出发，乘坐公交172路或156路，或者前往中山码头乘坐宁浦线，便可抵达位于长江北岸的浦口火车站。浦口火车站又被称为南京北站。朱自清在其著名散文《背影》中的所描写的车站正是浦口火车站，近年来逐渐成为以民国为背景的电影及电视剧的重要外景基地，改编自张恨水小说的《金粉世家》，以及改编自著名言情小说家琼瑶的《烟雨濛濛》一作的电视剧《情深深雨濛濛》，均在此取景拍摄。

美食与住宿：

上海路位于南京大学和南京师范大学中间，茶馆和咖啡馆林立。你可以从南京大学慢慢闲逛至此，和朋友一边喝着咖啡，一边翻着杂志，享受慵懒的社交时光。结束高校之行后，接下来的行程中你会经过湖南路，这里有狮子桥步行美食街，街两边有餐馆、茶楼、面点店，一定不能错过的有尹氏汤包和鸭血粉丝汤等南京传统小吃。

如果行程结束较早，你可以选择返回市区住宿，否则你也可以就近在浦口火车站附近过夜，周边有四五家旅社。

城市休闲文学旅游线路

简介：该线路以鼓楼区汉中路为轴线，即现地铁2号线西段，联结了鼓楼区四大重要的综合人文旅游景点，并在此条线路中以历史上重要文学家的游踪为着力点，以现有的文学景点为设计元素。

交通:乘地铁 2 号线或地铁 3 号线至大行宫站下

线路安排:大行宫——乌龙潭公园——朝天宫——莫愁湖公园

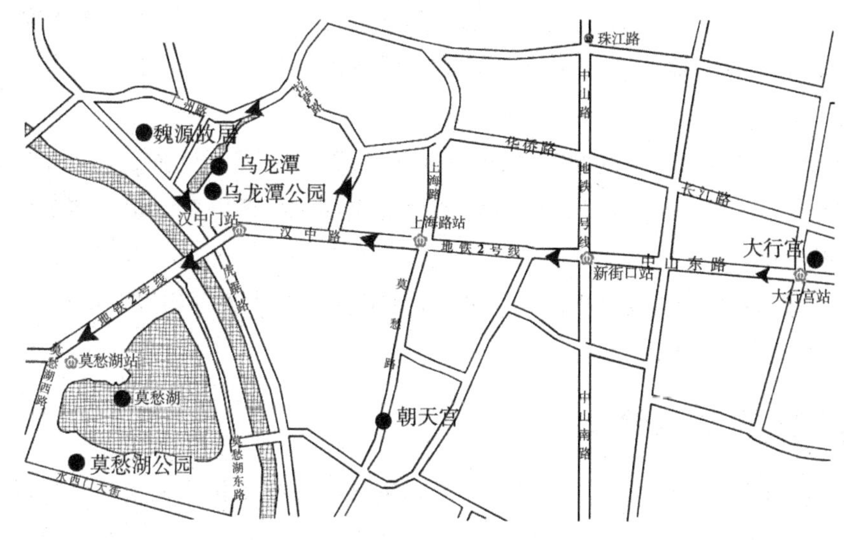

城市休闲文学旅游线路图

大行宫是我国四大名著之一的《红楼梦》作者——曹雪芹的出生地和居住地,现在其旧址上建成江宁织造博物馆并向游人开放,展示有关曹雪芹生平和《红楼梦》的相关展品,内设红楼文学馆,同时成立有“小红楼图书馆”。

乌龙潭公园位于清凉山东麓,现内有方苞家祠、魏源纪念馆和曹雪芹纪念馆。其历史可追溯到三国时期,千百年来,乌龙潭先后汇集了颜真卿、方苞、曹雪芹、魏源、吴敬梓、袁枚等名师大家,在这里诞生了《海国图志》《圣武记》《随园诗话》等著作,滋润了诸如《红楼梦》《儒林外史》《桃花扇》等文学作品,留下许多传咏久远的名言佳话。其中最为著名的是曹织造园,曹雪芹幼年曾生活于此,后以此段生活经历,写下文学巨著《红楼梦》。曹家败落后,改为隋织造园。乾隆年间(1736—1796),袁枚购得此园,称之为随园。后清朝大思想家魏源在此临水筑居,著书立说,写下了巨著《海国图志》。

朝天宫是古越国旧址冶城所在地,是江南规模最大、保存最为完好的一组清代文庙建筑群。诗人李白曾寓居在冶山。漫步在朝天宫,你可以逛逛这里的古玩市场,开阔眼界,挑选珍奇古玩;另外在朝天宫宫墙外与秦淮河之间不宽的小街上,有规模不小的古旧图书市场,在这里甚至能淘到清代、民国的石印本或者木刻本。

莫愁湖拥有千年历史，为六朝胜迹，自古有“江南第一名湖”“金陵第一名胜”“金陵四十八景之首”等美誉。莫愁湖之“莫愁”与一个流传自南朝的故事有关，为此梁武帝还写下了《河中水之歌》，以纪念莫愁女。后历朝各代的诗人来此游兴，留下了许多著名的诗篇，如唐朝诗人李贺的《莫愁曲》。

美食与住宿：

只要乘坐地铁2号线就能简单地完成这条线路，一路上可供选择的就餐地点也很充足，可以根据行程的安排选择在新街口站进餐，这里有汇聚全国各地的风味，也不乏异国美食。

走出莫愁湖公园，沿汉中门大街西行，沿街有一些特色餐馆以及快捷酒店，可以选择布丁酒店或者南方酒店。

滨江文学旅游线路

简介：此条线路将滨江风光带——幕燕风景区与南京钟山西南山系中的清凉山联结成线，依托独特的临江风貌与清凉山的精英文化，意在为游客打造出一条融合文学氛围与自然风光的旅游线路。

交通：乘地铁2号线至汉中门站下

线路安排：清凉山公园（扫叶楼、崇正书院）——石头城——阅江楼——浦口火车站——幕府山——燕子矶

清凉山，古名石头山，位于南京城西，其西麓直逼长江，形成了天然的“石头虎踞”的地形特征，南唐后主李煜的行宫曾建在清凉山上。目前清凉山已辟为清凉山公园，内有明末清初诗人龚贤的故居（扫叶楼）以及崇正书院。后者为明嘉靖年间（1522—1566）督学御史耿定向讲学所筑，又相传地藏王肉身在此坐禅。龚贤故居内辟有龚贤纪念馆，展示了众多与清凉山相关的诗篇，并会不定期举办各种当代名家书画艺术展。

石头城紧邻清凉山，作为历史上朝代变迁更迭的见证遗址，在文学史上有无数文学家在此驻足，咏史怀今，如刘禹锡、王安石、萨都剌等。石头城又称“鬼脸城”，“鬼脸照镜子”是著名的历史景点。

从石头城出发乘坐公交204路或66路可抵达阅江楼。阅江楼坐落在南京城西狮子山，濒临长江，与武汉黄鹤楼、岳阳岳阳楼、南昌滕王阁合称“江南四大名楼”。史传明太祖朱元璋决定在京师（今南京）狮子山建一楼阁，亲自命名为阅江楼，并与群臣共同以楼名为题撰文。大学士宋濂所写《阅江楼记》后入选《古文观

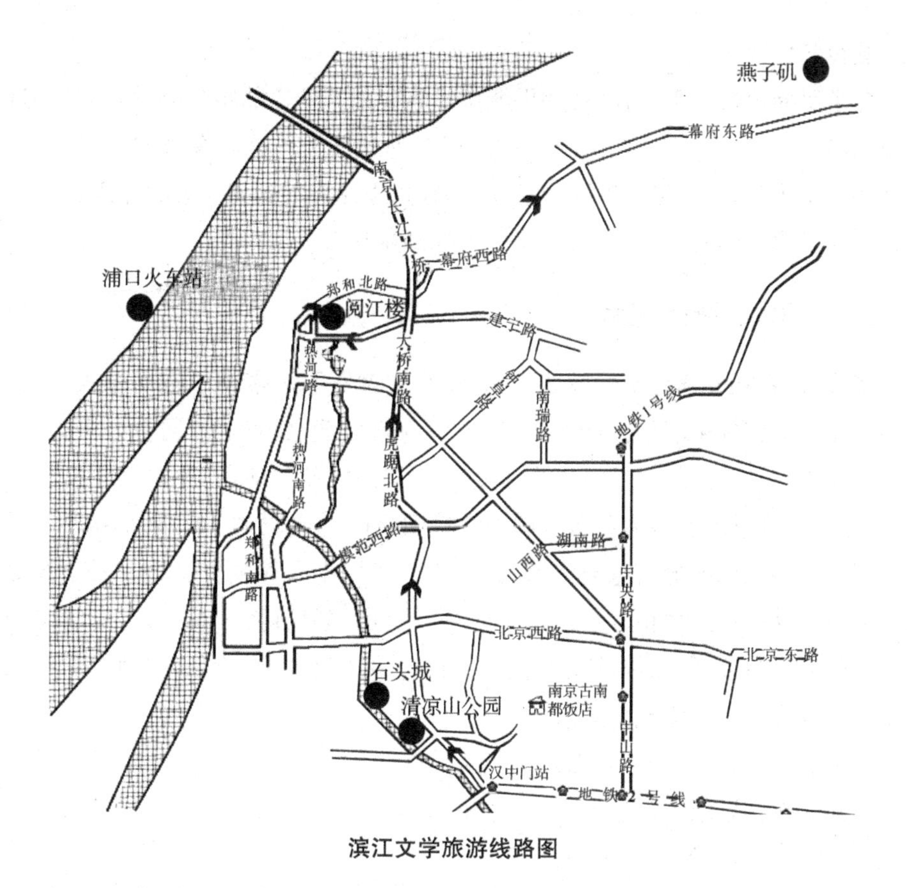

滨江文学旅游线路图

止》。但阅江楼“有记无楼”的历史却长达600年,这也成为文学史上的一段奇话。

从阅江楼出发乘坐公交172、156路可至浦口火车站。漫步其间,可以想象民国时期这里的极尽繁华,与如今这里野草疯长、空旷无人的候车室形成了强烈的对比。当年朱自清的父亲费力爬过的站台还在,但却已经物是人非。近年来浦口火车站逐渐成为以民国为背景的电影及电视剧的重要外景地,如小说改编影视作品《情深深雨濛濛》(琼瑶)和《金粉世家》(张恨水)。

这条线路溯长江而上,从浦口火车站乘坐公交156转乘8路至燕子矶。燕子矶位于幕燕滨江风光带内,素有“万里长江第一矶”的美称,历史上许多帝王将相来此游览并留下诗作。现燕子矶公园内有“吞江醉石”景点,与诗仙李白在燕子矶的一段传说有关。传说李白酒醉燕子矶,误把长江看作酒泉,竟要跳进长江舀酒,幸而被友人拽住衣袖,后在所坐石头“酒樽石”旁题下了“吞江醉石”。在燕子矶山上临崖处,你会发现一块由著名教育家陶行知手书的“想一想,死不得”的石碑,以劝诫那些来矶头跳崖的人。

美食与住宿：

燕子矶周边特色美食较少，如果期望品尝到南京地道的特色菜肴，你可以选择回到湖南路或者新街口一带。或者你可以选择到燕子矶公园旁边的工农兵饭店，这里的食材十分新鲜，很多都取材于长江，在这里能品尝到家常菜的味道。

出燕子矶公园后，你能在太新路一带找到旅社或者招待所。

"文学南京"诗词之旅

简介：南京在文学界素来被认为是"诗词之都"，不仅带动了诗词形式的创新，还为众多诗词家提供了居住和游兴的场所，一言以蔽之，对于诗词爱好者而言，南京是一座无法被人遗忘的城市。南京是格律诗词的发祥地，另外据王步高先生考证，南京也是词学的发源地。从六朝山水诗到唐代"金陵咏史"诗，南京这座土地上记录了无数诗人词人的情感与才情，并且诗作多以南京六朝历史为背景。故而此条线路以六朝时期的萧衍、谢朓，唐宋时期的李白、刘禹锡、王安石，南唐时期的李煜等文学家的游迹、作品以及文人轶事传说等为线索，以六朝文化为脉络，串联起南京具有代表性的文学旅游景点。

交通：乘地铁1号线至鼓楼站下

线路安排：鸡笼山——台城——玄武湖（梁州）——石头城——清凉山——乌衣巷——凤凰台（阮籍墓）——长干里

走出鼓楼站，沿鼓楼广场往北走，进入大钟亭后向东走进北极西村步道，沿步道走几百米后到达鸡笼山。此地是六朝时期寺庙、园林聚集地，文化底蕴深厚，现四牌楼一带（今东南大学）被考证为南朝皇宫所在地，而梁武帝萧衍不仅是格律诗人"竟陵八友"之一，还是最早的文人词创作者。走在南朝皇宫旧址上，便是重回格律诗词的发源地。鸡笼山山麓下现辟有北极阁公园和鸡鸣寺公园，而传说中古鸡鸣寺是梁武帝多次舍身出家之地。鸡鸣寺自古便有"南朝第一寺"之称。杜牧的诗句"南朝四百八十寺，多少楼台烟雨中"流传千年，为我们再现了南朝佛教兴盛的境况。

鸡鸣寺以北即台城遗址。台城指六朝时的禁城（宫城），为当时的皇帝办公居住的场所，是东晋和南朝诸代政治、军事和思想文化的统治中心，代表了"六朝金粉"的兴衰。经历过政治生涯的跌宕起伏，梁武帝萧衍最终饿死于台城。后代无数诗人重游六朝繁华遗址，留下触景生情的怀古诗作，其中著名的有杜牧《台城曲》、刘禹锡《金陵五题之台城》。

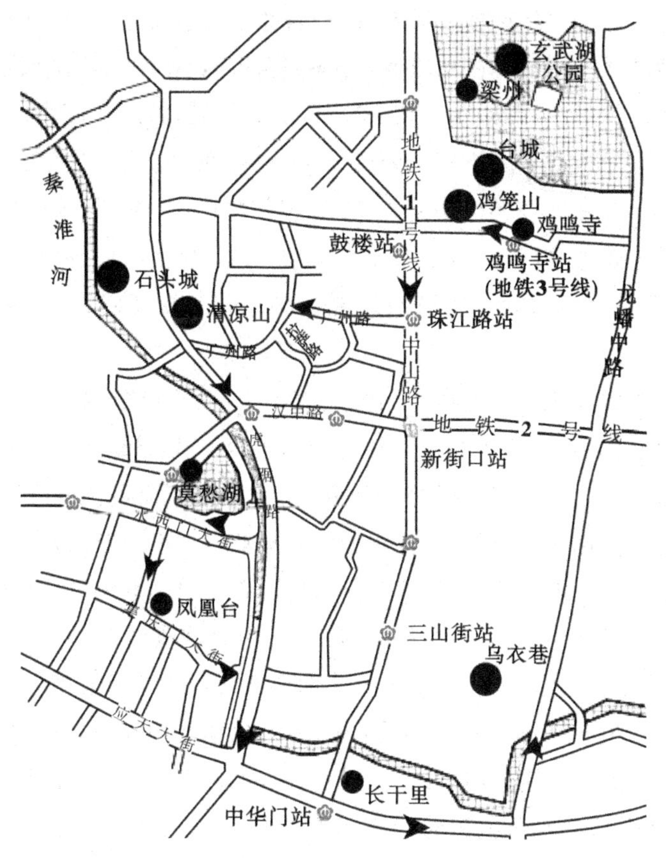

“文学南京”诗词之旅线路图

经台城可进入玄武湖。玄武湖在六朝时期为皇家宫苑，其湖上五岛之一——梁州曾是萧衍之子萧统（昭明太子）的读书处。萧统所倡导的萧梁文学开一代新风，于今犹有“莫愁传世争颜色，怎及昭明文字香”的评说，但这位才子却于湖中落水，惊疾不治而终，故而此地定名为梁洲。

石头城在秦淮河畔，清凉山西麓，战国时期在此置金陵邑，筑城石头山，因地势险峻，素有“虎踞”之称。中唐诗人刘禹锡在游览古石头城后，写下了《金陵五题之石头城》。《金陵五题》是刘禹锡在游览南京六朝著名遗址之后写下的怀古组诗，诗作借古喻今，寓意深邃，堪称唐诗中的艺术珍品。宋王安石《桂枝香》、元萨都剌《百字令·登石头城》等词作也同样抒发了这种怀古伤时的思想感情。

紧邻石头城的是清凉山，这里曾经是南唐后主李煜早年生活的宫城所在，从他的《乌夜啼》等优美词句中不难看出其对金陵山水的深深依恋。

前面提到的刘禹锡的《金陵五题》组诗中还有一首《乌衣巷》，此诗中所吟咏的对象便是现今夫子庙景区内的乌衣巷,同样表达了人事易分,煊赫荣耀如过眼云烟的思想。走进夫子庙景区内的乌衣巷,看到王谢古居前游人如织的景象,联想到这里曾住过六朝时期的王、谢两大家族,是否也会有如同刘禹锡一般的喟叹。乌衣巷之所以名传于世不仅源于刘禹锡的诗句,还源于南朝"竟陵八友"之一谢朓曾生活在乌衣巷。谢朓是永明体的代表诗人,存世诗作中的《晚登三山还望京邑》就是他当年离开金陵外出做官时写下的。"诗仙"李白傲骨翩然,但一生中最为敬重者便为谢朓,曾写下《金陵城西楼月下吟》怀念谢朓,"解道澄江静如练,令人长忆谢玄晖"。

由夫子庙景区继续南行至集庆门内花露岗(今南京市第四十三中学),在这里李白曾写下著名的《登金陵凤凰台》,该七律诗是其一生中最具文学价值的诗作之一,以登临凤凰台时的所见所感而起兴唱叹,也是唐朝"金陵怀古诗"的代表作品。诗中"三山"即指三山街旧址,"白鹭洲"指江心洲,"晋代衣冠"即为南京市四十三中学内的阮籍墓。李白所写金陵诗作存世近百首,曾游览和歌唱过南京的紫金山、玄武湖、凤凰台、劳劳亭、长干里和板桥浦等地,与南京这座城市结下了不解之缘,安史之乱后,李白甚至写了一篇《为宋中丞请都金陵表》,建议把国都迁到金陵。

由凤凰台往南至中华门外便是长干里遗址,六朝时期成为繁华的商业民居区,古长干里不仅因其是古越城所在地,还因是南京的佛教中心,自古以来便是文人歌咏赞颂之地,留下无数动人的诗篇,如李白《长干行》,出自此诗的两个成语"青梅竹马""两小无猜"也成为美好爱情的象征得以流传下来。

美食与住宿:

你可以在鸡鸣寺吃到素斋,这里的素面和梅花肉片的人气很高。行程的后半段是围绕夫子庙进行的,所以路过夫子庙景区时,你可以顺道在这里吃一些南京的著名特色小吃。

行程结束后,你可以选择夜游秦淮,并夜宿在秦淮河周边的酒店里,这里的选择比较充裕。

"文学南京"名著之旅

简介:在南京曾经诞生了为数众多的文学名著,这些名著与南京这座城市有着不解之缘。该条线路以《桃花扇》《红楼梦》《儒林外史》三部文学作品为线索,选取具有代表性的文学景点加以串联,以重温文学作品的人文氛围,并感悟作者的创作背景地。

交通:(1) 乘坐地铁 1 号线至三山街站下;(2) 于 2015 年开通的地铁 3 号线,打造了 9 个红楼特色车站,在这些站点装饰有《红楼梦》中的著名场景壁画,其中包括大行宫站,可以在此站换乘地铁 2 号线,也可乘坐地铁 3 号线直接抵达夫子庙站。

线路安排:李香君故居——江南贡院——吴敬梓纪念馆——大行宫(江宁织造博物馆)——乌龙潭公园——红楼艺文苑

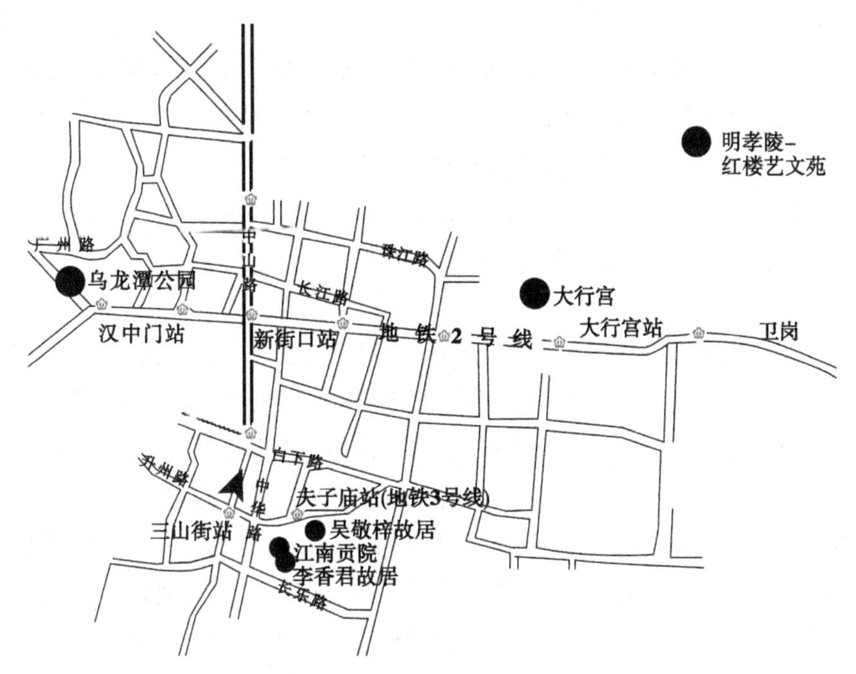

"文学南京"名著之旅路线图

行程开始于夫子庙风景区。你可以先沿着秦淮河游览李香君故居、江南贡院和吴敬梓故居。清康熙年间(1662—1722)的戏剧作家孔尚任所创作的《桃花扇》以南京为故事背景,讲述了明末遗士、复社文人侯方域和秦淮歌妓李香君的离合悲欢的爱情故事。现夫子庙景区内的李香君故居,即是书中主人公李香君所居"媚香楼"的旧址。

《儒林外史》的作者吴敬梓移居南京后一直住在"秦淮水亭"(今古桃叶渡、淮清桥一带),并由政府建起吴敬梓纪念馆以缅怀这位讽刺文学家。《儒林外史》中有关南京风物人情的直接和间接描写不胜枚举。而《范进中举》一篇更是成为妇孺尽知的故事,科举制度下人性的扭曲给人留下了深刻的印象,同样位于秦淮河畔的江南贡院作为我国古代最大的科举考场,也见证了《儒林外史》书中文人们追逐功名利禄的众生相。

大行宫、乌龙潭公园、红楼艺文苑都分布在地铁 2 号线周边。如前文所述，大行宫江宁织造博物馆和乌龙潭公园都与《红楼梦》的作者曹雪芹有着千丝万缕的关系，可以说《红楼梦》正是以曹雪芹在南京的生活经历为背景创作出来的，书中也同样充斥着南京的风土人情和士人文化氛围。近几年对外开放的江宁织造博物馆内，更是有红楼文学史料馆和曹雪芹纪念馆，方便红学爱好者查阅不同版本的《红楼梦》资料。

位于明孝陵风景区的红楼艺文苑景点是以《红楼梦》中的大观园为蓝本而修建的体现红楼文化和浓郁江南风格的园林景观。全园中的 12 个意境单元无一不是以书中重要情节为主题设计的，通过植物、雕塑及各种建筑小品，来充分展现红楼意境。但是红楼艺文苑属于明孝陵风景区内的一个景点，游玩成本比较高，在这条路线上只作为一个参考项，游客可以量力而行。

美食与住宿：

美食攻略参考夫子庙历史街区文学游览线路的安排。喜爱《红楼梦》的读者可以选择去一家以红楼文化为主题的特色餐厅，它就是位于南京鼓楼区河西大街 2 号的红楼梦主题餐厅。它的一大亮点就是“红楼功夫宴”，还原了 18 世纪中国饮食文化特色。另外，在南京还有一家名为“吴地人家”的红楼梦主题店，同样是以还原红楼梦饮食为特色的主题餐厅，在这里可以品尝到《红楼梦》书中提到的种种著名菜式，它位于白下区汉中路 143 号环亚广场，可乘坐地铁 2 号线抵达。

住宿可以在地铁 2 号线沿线选择，也可根据行程结束的时间决定是在景区附近就宿还是乘坐地铁返回市区。

2. 城南旧事——老城南游

【概述】

“一座老城南，半部金陵史”，是南京人对老城南地区作下的美丽注脚。老城南被称为“南京之根”，因南京城郭在此诞生，城墙也从这里向东西方向延展，也因为它是江南佛教的起源地、南京近代工业的起源地，南京的母亲河秦淮河也在此穿流而过。可以说，老城南便是南京文化的起源地，历史在这里停留数千年，写下了无数的往事，也留下了无数的过往。

老城南由来已久，从东水关至西水关的沿河两岸，从东吴起便一直是繁华的商业区和居民住宅，六朝时则成为名门望族聚居之地，商贾云集，宋代开始成为江南文化的中心。而明清两代，更是十里秦淮的鼎盛时期。明初朱元璋定都南京，把45平方千米的老城分为3部分：西北军营，东部皇宫，南部居住，以夫子庙为核心的老城南便依傍明城墙和内秦淮河，渐渐形成了我们如今所见的城南格局，东西至城墙，南至中华门，北至白下路。

然而，这片土地也经历过大拆大建，传统的民居建筑一度遭到毁坏，现代建筑和街道不断侵入曾经朴素简单的老城南，造成了一些无可挽回的损失。但随着文化理念不断为城市规划者所吸收，老城南在近年来也迎来了复兴的新篇章，旧街巷名称、尺度逐步恢复，再现原有的城市空间尺度，为现代居民创造一处休闲文化历史街区。

目前老城南地区以夫子庙、老门东、南捕厅为核心，秦淮河、明城墙为轴线，形成了全面展示老城南历史文化资源的城市空间，包含众多文化价值极高的历史遗存，如江南贡院、甘熙宅第、中华门等。老城南地区景点密度较大，相互之间的连接性也比较好，有画舫、电瓶车、自行车等交通工具供游人选择，让游客在慢下来的旅途中，尽情体验南京老城南的市井风情。

【Introduction】

Regarded as the "root of Nanjing", the southern town has recorded its profound history in the old time. Nanjing old wall started here, creeping towards the east and west. Buddhism in the south of Yangtze River originated here. And she has also become the birthplace of Nanjing modern industry.

Qinhuai River, the mother river of Nanjing, flows through and embraced here as the cradle of Nanjing Culture, which has been spreading on the memories of the past.

The southern old town was once mainly significant in the administrative division. Zhu Yuanzhang, known as the first emperor in Ming Dynasty, established Nanjing as the capital and divided the 45 km^2 old towns into Northwest Barracks, Eastern Palace and Southern residential areas. Since East Wu Dynasty, the southern town and the two sides of Qinhuai River has been regarded as the CBD and residential district of Nanjing, even the Brownstone District as well as the cultural center in the coming dynasties.

However, the southern old town, once has been pure and simple, suffered the demolishment and destruction several times. Fortunately, she has been recovering and re-prospering with the development of culture concept by new generations of urban designers, which are serving the current citizens with a fresh new cultural and historical resort.

Nowadays, the southern old town has formed urban spatial layout full of historical and cultural resources in company with the center of Confucius Temple, East Old Gate and South Arresting Department as well as the axes of Qinhuai River and Ming City Wall. The serried and closely-connected tour resorts here offer convenient vehicles including boats, motorcycles and bicycles for tourists.

【线路推荐】

1. 秦淮风情游　老门东——媚香楼——乌衣巷——夫子庙——江南贡院——夜泊秦淮

2. 城南名人故居游 甘熙宅第(南京市民俗博物馆)——瞻园——李香君故居——王谢古居——蒋寿山故居

3. 江南科举文化游 夫子庙——江南贡院——吴敬梓故居——秦大士故居

【线路详览】

秦淮风情游

简介:目前在老城南地区,最为世人所熟知的旅游景区是夫子庙风景区,人们常说:不到夫子庙就等于没有到过南京,夫子庙也成了外地游客来宁后必然到访的景点之一。近年来,力在恢复城南民居街巷旧貌和市井风情的老门东,以其独特的建筑风格和丰富的展览陈设,弥补了现代社会中老城南民俗风貌逐渐消失的缺憾。这条线路以夫子庙和老城南两大景区为主,另外安排了乘坐画舫夜游秦淮河的项目,带领游客深度体验老城南的迷人风情。

交通路线:乘坐地铁1号线至三山街站下,在中华门·三山街站乘坐公交车46路至箍桶巷站下,步行可至老门东。

线路安排:老门东——媚香楼——乌衣巷——夫子庙——江南贡院——夜泊秦淮

老门东本是南京城南地区的古地名,其"门"指的便是著名的中华门,与门西地区相对,主要包括夫子庙箍桶巷南侧一带,曾经是南京商业最为繁荣的地方,也是居民住宅密集分布的区域。乘坐公交在箍桶巷站下后,沿箍桶巷往南走,便可到达如今的老门东历史街区,它东到江宁路,西到中华门城堡段的内秦淮河,北到马道街,南到明城墙。穿过书有"老门东"三字的仿古牌坊,仿佛是走进了另一个世界,脚下是有些斑驳的石板路,两旁是具有南京民居特色的中式木质建筑,虽已不再有居住的功能,但还是较为完整地再现了老城南民居街巷、市井传统风貌。若是看厌了那些商铺,那么随意拐进一条小巷吧,纵横交叉的小巷会给人无限的惊喜,抬头便能看到马头墙,人寂无声,还能听到砖墙下沟渠中流水的声音。穿梭在街巷中,随时都能找到一两家特色的工艺店铺,还有一些南京特色小吃店,如蒋友记、鸡鸣汤包等老字号,还有蓝老大糖藕粥、徐家鸭子、司记豆腐脑等让吃货们食指大动的美食。老门东历史街区常年不定期举办各类展览演出活动,如"汉声"书展、门东痕迹、瓷艺宏美七人行、金陵刻经、南京云锦、母亲的艺术展、锦绣江苏、金陵戏坊等,南京书画院、金陵美术馆、老城南记忆馆等展馆均对外开放,另外还有著名的相声

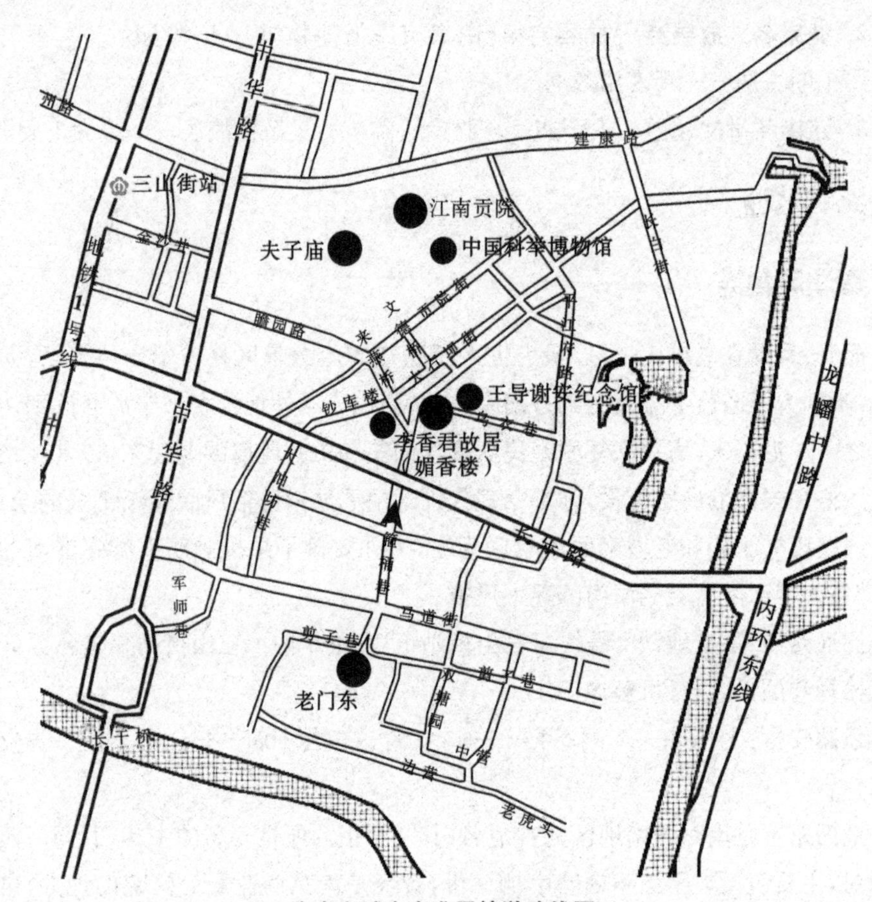

南京老城南秦淮风情游路线图

社——德云社也在此候客。每天晚上 7 点整，3D 灯光秀都将在示范段广场主舞台上演，它以明城墙作为载体，主影片分为倒计时、城墙颂歌、烟雨秦淮、城南记忆、门东新颜五个章节。

离开老门东，可步行前往夫子庙景区。沿箍桶巷往北走进入来燕路，步行数百米后右转进入钞库街。至此，可以说这一路所走过的每一条街的名字都有着很悠久的历史，直到抵达夫子庙展览馆，一路上都会经过各种历史文物遗迹。譬如说钞库街，它东北起文德桥，西南至武定桥，相传为明初国库所在地。钞库街还有一个旧名，为“沉香街”，一如秦淮河的冶艳气质，恰也与一段风月故事有关，说是明朝时一豪门子弟为薄情的烟花女子所负，一气之下，在此焚烧了昂贵的沉香木家具，顿时秦淮河畔烈焰腾腾，香气弥漫，故而得名“沉香街”。如果说这条街所流传的是一段令人扼腕深思的故事，那么钞库街上的媚香楼则是一位奇女子的象征。由钞库街往东行，位于钞库街38号的媚香楼现为李香君故居，以纪念这位“出污泥而不染，濯清涟而不妖”的女性。李香君是清初戏剧家孔尚任名著《桃花扇》中的秦淮名妓，为“秦淮八艳”之一，因其高洁的道德气节而为世人所敬仰。

乌衣巷位于西石坝街20号，有一种说法是，其旧址曾是三国时吴国戍守石头城的部队营房所在地，因军士所着制服的颜色而得名“乌衣巷”，可见其历史悠久。乌衣巷同样也是人文底蕴极为深厚的地名之一，千百年来，东晋的高门士族在这里聚居，唐宋时期的诗人词客在这里访古凭吊，留下很多脍炙人口的诗篇词作。如今，这条不足十米长的小巷子仍是中外游客来到南京后的必访之地，可以说乌衣巷所流淌的六朝血脉是南京重要的文化符号之一。走进乌衣巷，不远处便是王导谢安纪念馆，是一座展示六朝文化艺术及王、谢两大家族家世的专题性陈列馆。

走出乌衣巷，穿过文德桥，内秦淮河风光一览无余，脚下还有古色古香的画舫缓缓驶过，至此也便进入夫子庙景区的中心广场了。往右走会看到书有“天下文枢”的牌坊，而与其正对的便是南京夫子庙。它始建于宋景祐元年(1034)，由东晋学宫扩建而成，后几经兴废是中国四大文庙之一，为明清时重要的文教中心。南京夫子庙是前庙后学的布局，孔庙、学宫与东侧的贡院组成了三大文教古建筑群，文化艺术价值高，蜚声中外。

江南贡院位于夫子庙步行街上，是中国最大的科举考场，鼎盛时期仅考试的号舍就拥有20 644间，目前在贡院内建有中国科举博物馆，是我国唯一的一座以反映中国科举考试制度为内容的专业性博物馆。江南贡院的历史最早可追溯至南宋时期，明初定都南京后，乡试、会试于此地举行。清代初期，南京为江南省首府，故一直沿用“江南贡院”之名。作为曾经重要的科举考场，众多历史人物都曾在此考学，如唐伯虎、郑板桥、文天祥、吴敬梓、袁枚、林则徐、施耐庵、方苞、邓廷桢、曾国藩、左宗棠、李鸿章、陈独秀等。

离开江南贡院，回到熙熙攘攘的贡院街上，古色古香的建筑鳞次栉比，游人穿梭其间，浏览着各色南京特产，还有让人垂涎欲滴的小吃。华灯初上，夫子庙在朦胧夜色的掩映下，增添了几分倚红偎绿的气息，便是乘坐画舫夜游秦淮河的好时候。画舫在南京秦淮河上已经驶过了数百年的悠悠岁月。如今，乘坐画舫游览内外秦淮河已成为一项颇受游人追捧的游乐项目。坐在造型古朴的画舫之中，两岸风景如画卷般徐徐打开，魁光阁、桃叶渡、秦淮水亭、东水关遗址等历史遗迹仿佛是画廊下最美的陈设，历历在目，耳边还有娓娓道来的秦淮八艳故事。秦淮河夜晚还有大型水上演出，同样值得一看。下船后，可以到夫子庙秦淮小吃城品地道秦淮小吃，也可以到秦淮河畔永熙茶楼听听南京的本土相声。

美食和住宿：

老门东历史街区有一条名为"南京味道"的街巷，在这里汇集了多家南京老字号美食店，可以去品尝南京特色的皮肚面，还有老南京记忆中最好吃的汤包——鸡鸣汤包，以及为金陵饕客口中"游夫子庙必尝蒋有记"的蒋有记锅贴。当然，老门东内还有各式西点店铺，能满足不同口味的食客需求。至于在夫子庙景区，可以说除了商店外，不同风味的餐馆、小吃店是其一大特色，值得去尝试的美食很多，在这里建议可以去秦淮小吃城逛一逛，去品尝南京特色的"秦淮八绝"。

夫子庙景区有多家为年轻人所追捧的青年旅社，它们价格适中，环境舒适，距离景区不远。或者，离开夫子庙景区，往长乐路或者中华路方向走，也可以随处找到可供下榻的旅社和酒店。

城南名人故居游

简介：南京老城南一带，即今从东水关至西水关的沿河两岸，自东吴起便一直是繁华的商业区和居民住宅，六朝时更是成为名门望族聚居之地，众多著名的帝王将相、仁人志士、文宗科魁等历史名人都曾在此居住，他们的住宅因保留有浓郁的南方地方特色，而为建筑爱好者所留恋。此条线路主要包含甘熙宅第（南京市民俗博物馆）、吴敬梓故居、李香君故居、王谢古居和蒋寿山故居，时间跨度从六朝到明清，带领游人穿梭于不同时代的名人故居寓所间。

交通：乘地铁 1 号线至三山街下，2、3 号出口以北

线路安排：甘熙宅第（南京市民俗博物馆）——瞻园——李香君故居——王谢古居——蒋寿山故居

走出三山地铁站 2、3 号出口，沿中山南路往北走几百米，即可看到位于升州路口的甘熙宅第。甘熙宅第又称甘家大院，始建于清嘉庆年间（1796—1820），俗称"九十九间半"，是中国最大的私人民宅，与明孝陵、明城墙并称为南京明清三大景观。甘家大院原主人为晚清著名文人甘熙，其父甘福于清朝道光初年间修建甘家大院。甘氏家族为金陵望族，故而其建筑布局严格按照封建社会的宗法观念及家族制度而建制，整体反映出了金陵大家士绅阶层的文化品位和伦理观念。目前，在甘熙宅第旧址上开辟有南京市民俗博物馆和南京市非物质文化遗产馆，除了展示传统民居厅堂建筑以及甘氏家族历史陈列，并有民间艺人现场表演南京地区民俗技艺，如皮影戏、泥人、魔术、九连环、剪纸等。民俗博物馆内开设有茶馆，与戏台相

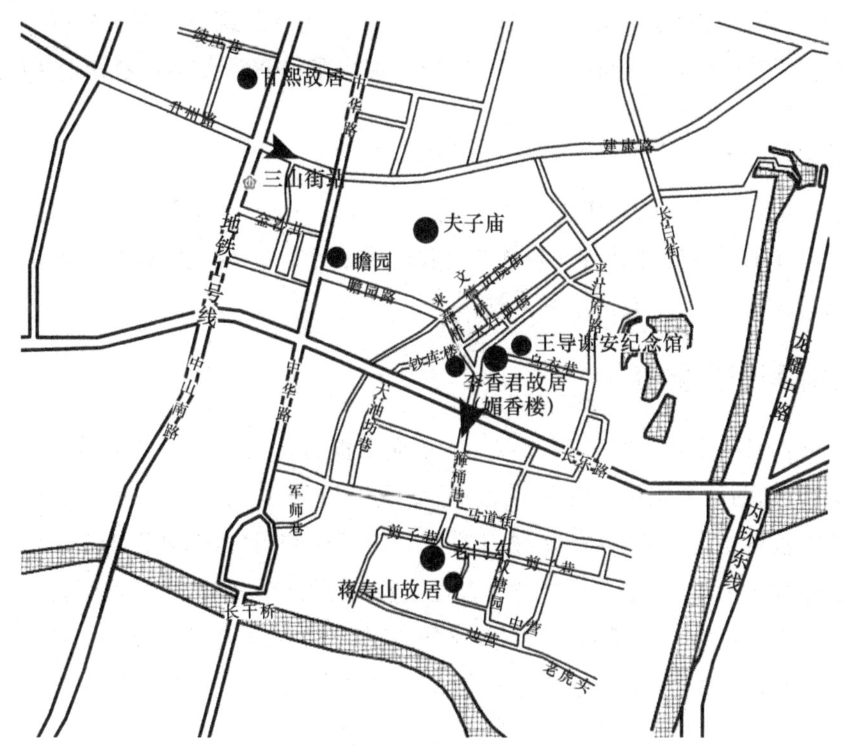

南京老城南名人故居游线路图

邻，供游人品茗听戏，还可品尝到一些南京特色点心。

离开甘熙宅第，沿升州路向东走，遇中华路后右转南行，便可抵达瞻园。素有“金陵第一园”之称的瞻园位于中华路和瞻园路的交汇处，是江南四大著名园林之一，现为太平天国历史博物馆所在地。瞻园始建于明朝初年，是中山王徐达的府邸花园，现仍留存的石矶及紫藤，距今已有六百多年历史。瞻园布局典雅，是目前保存最为完好的一组明代古典园林建筑群，老少皆知的电视剧《新白娘子传奇》曾在此取景。

出瞻园，沿瞻园路向东南方向走，路过贡院街，走过来燕桥，便能看到位于大石坝街 150 号的媚香楼，现为李香君故居陈列馆所在地。楼为砖木结构，是三进两院式的明清河房建筑。距离媚香楼不远处便是著名的乌衣巷，其内有王谢古居，现为王导谢安纪念馆。王谢古居中的“王谢”是指六朝时两个显赫的宰相家族，王、谢家族人才辈出，他们居住在这条古巷，留下了“王家书法谢家诗”的风采。

蒋寿山故居位于今老门东历史街区，距离夫子庙景区较近，从乌衣巷出发，步行可至。蒋寿山故居是晚清南京富商蒋寿山的居所之一，建筑院落完整，结构无损，是典型的江南徽派民间风格的建筑，也是南京晚清建筑群中保存较好的一处。目前在三条营 18 号建有蒋寿山故居陈列馆，展出了晚清时大户人家的生活场景和细节。

美食和住宿：

这里主要推荐熙南里历史街区，它靠近此行第一站甘熙宅第，被称为是金陵历史文化风尚街区，集休闲娱乐、餐饮美食和专属服务于一体。游人可以在此享用西餐、中餐，也可到酒吧、茶馆小酌半晌。

江南科举文化游

简介：“科举文化”之于南京的意义，不亚于世俗文化在金陵的流转，而在南京的老城南，这两种文化却在碰撞与交融中实现了共生，共同谱写了南京老城南雅与俗的二重篇章。南京的科举制度始于隋末而盛于唐宋明清，但其兴于南唐时期，当时南唐建都于金陵，在秦淮河畔设置有国子监，自此之后，绵延千年，成为江南一带重要的科举文化中心。提到南京科举文化，自然仍是绕不开夫子庙，此条线路以夫子庙科举文化为主，兼顾其他相关景点，带领游人领略“天下文枢”的风范。

交通：乘地铁 1 号线至三山街站下；或乘地铁 3 号线至夫子庙站下

线路安排：夫子庙——江南贡院——吴敬梓故居——秦大士故居

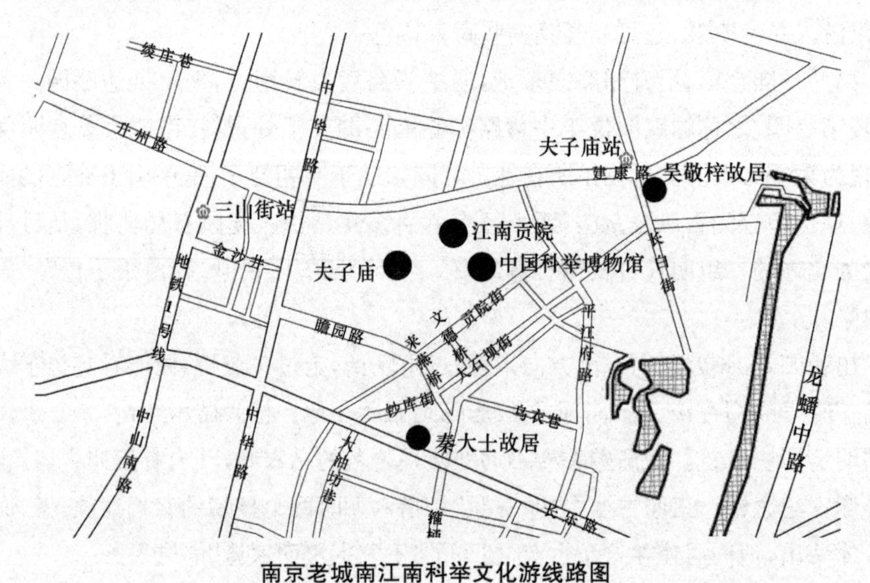

南京老城南江南科举文化游线路图

坐落在内秦淮河畔的南京夫子庙曾经是天下文化的中心，是中国第一所（东晋太元九年，公元 384 年）国家最高学府孔子庙的所在地，为明清时重要的文教中心。目前它是中国四大文庙之一，建筑为前庙后学的布局，孔庙、学宫与东侧的贡院组成了三大文教古建筑群，是南京重要的标志性建筑。在明代，夫子庙作为国子监科举考场，考生云集，而一旁的秦淮河上“桨声灯影连十里，歌女花船戏浊波”，与之相衬，构成了十里秦淮的繁华画卷。走进孔庙，可以看到祭祀孔子的大成殿，北岸庙前有聚星亭、思乐亭，中轴线上建有棂星门、大成门、大成殿、明德堂、尊经阁等建筑，另外庙东还有魁星阁。如今，这里不仅是传承儒学文化的重要历史景点，还是荟萃南京风土人情的博物馆，每年的金陵灯会、秦淮之夏纳凉晚会、民俗文化庙会、金秋美食节活动、祭孔活动等文化活动都会在此举办。

距离夫子庙不远的另一座重要文教建筑江南贡院，曾占地约 30 万平方米，东起姚家巷，西至贡院西街，南临秦淮河，北抵建康路，为夫子庙地区主要建筑群之一，鼎盛时仅考试号舍便超过两万间，创造了古代科举考场中国之最。目前在其旧址上新建有中国科举博物馆，这是中国唯一的一座以反映中国科举考试制度为内容的专业性博物馆。走进江南贡院，所能找到的古迹已然不多，只有明远楼和贡院碑刻还带有历史的痕迹，复建后的号舍数量不及鼎盛时的十分之一，却依然能让人感受到江南贡院曾经的肃穆与壮观。

科举文化是我国传统文化中的重要组成部分，但是围绕它展开的讨论与批判却一直未绝于耳，其中的代表人物便是清朝文人吴敬梓与他的著作《儒林外史》。在《儒林外史》一书中，吴敬梓使用辛辣讽刺的笔法写下了儒林中的众生百态，深刻地反省了在封建社会中科举制度对人性的残害，这本书正是吴敬梓在距离夫子庙不远处的“秦淮水亭”旧居写成的。吴敬梓还把南京的山水、楼台、寺庙、集市、人情俗事、俚词谚语写进书内，使作品充满了浓郁的南京乡土生活气息。如今在其旧居原址上建有吴敬梓故居陈列馆，其中展陈有各种版本的《儒林外史》著作，为文学爱好者提供了研究吴学的丰富资料文献。

秦大士故居位于今长乐路 57、59 号，是乾隆十七年（1752）文武双科状元秦大士的旧居所在，府第颇广，有数路多进，房屋众多，号称“九十九间半”，具有明显的清初建筑风格。秦大士的诗、书、画被世人称作“三绝”，如今学宫上的“东南第一学”五个金色大字，就是由秦大士所题写的。南京有种叫“状元豆”的小吃，其典故也是出自秦大士，因他在夫子庙学宫读书时，其母为其制作的以黄豆、红曲米制成的点心而得名。

美食与住宿：

“吃了状元豆，好中状元郎”，前面既已提到状元豆，那么来到夫子庙后，自然是不能错过这道风味小吃的。在夫子庙，有不少酒楼会将它作为餐前点心供食客品尝。

3. 大明华章——明文化游

【概述】

南京建城以来的2 500年间曾经有十个王朝在此定都，享有“十朝都会”的美誉。虽说大部分定鼎南京的王朝英雄气短，但其中唯一例外的是明朝。明代的南京，第一次作为大一统帝国的都城出现在历史舞台上，成为全国的政治、经济、文化中心；同时，南京城内许多被称为“世界之最”的辉煌工程，大多是在明朝时建造的，比如世界上最长的古城墙——南京明城墙，古代世界最辉煌壮丽的皇宫——明故宫，以及世界中古七大奇迹之一的金陵大报恩寺五彩琉璃塔等，特别是作为南京唯一“世界文化遗产”的明孝陵，代表了明初建筑和石刻艺术的最高成就，对后世影响极为深远。

明朝时的南京城建设也是南京城市发展史上规模最大、技艺最高的一个阶段，朝廷每年从各地征调能工巧匠来南京服役，这些工匠门带来了当时世界上最先进的建造工艺，为南京城建造了无数能立于世界之林的建筑瑰宝。若说六朝至南唐时的南京不免有些江南特有的精致与婉约，那么这些烟水气在朱元璋定都之时，便汇聚成了一股浩荡的王者之气，盘踞在紫金山和秦淮河的山川形胜间。如今历史已然逝去，人事已非，唯有那传承不衰的历史文化遗产还散落在这座古城的角角落落，浸润乃至鲜活在这座城市的现实生活中，还在讲述着明朝的故事，诉说着历史的沧桑。

南京市旅游局和南京大学于2003年联合进行的一次南京市旅游资源普查的结果显示，南京共有94处涵盖了遗址遗迹类、建筑与设施类、旅游商品类与人文活动类四个主类的明文化旅游资源。在这些旅游资源里，既有诸如明城墙、明孝陵、夫子庙等级较高、知名度较大的明文化旅游资源，也有大量形制较小、分布散乱的低等级资源。

目前市场上关于南京明文化旅游的产品也大多定位于明孝陵、明城墙这些等级较高、知名度较大的旅游景区，但这些仅是蔚为大观的明代历史遗迹的冰山一角。对历史的探索总是透着令人向往的神秘感，下面我们不妨充当一回历史探索者，放慢自己的步伐，穿梭于这座古城的大街小巷，穿越明朝，追寻明朝的背影。

【Introduction】

Nanjing has been the capital of ten dynasties throughout 2500 years since its birth. Although most of them did not last for long, Ming Dynasty was an exception. Nanjing firstly became the political, economical and cultural center of a unified empire in the Chinese history. Meanwhile, many glorious projects were completed in the Ming Dynasty represented by Nanjing City Wall and Ming Palace, the longest city wall of the past and present and the most magnificent palace in ancient world. As the unique World Cultural Heritage Site in Nanjing, Ming Xiaoling Tomb stands for the highest achievement of architecture and stone carving art in early Ming Dynasty.

The Ming Dynasty with its urban design and construction of Nanjing City was the most splendid period of time in the history of Nanjing Urban Development for its biggest dimensions and extremely superb skills. Craftsmen all over the country were sent to Nanjing to create these architecture miracles. Nanjing once had a typical delicate and graceful temperament in the Six Dynasties, while there became the strong imperialism brooded mountains and rivers around. The cultural and historical relics still remain today, telling the stories and interchanges in the past.

According to the research in the year 2003 by Nanjing Tourist Administration and Nanjing University, there are four main kinds of tourism resources in Nanjing: relics, architectures and facilities, tour commodities and human activities. Ming City Wall, Ming Xiaoling Tomb and Confucius Temple are the famous ones among those, which earned higher reputation compared with some small and scattered distributed resources. This chapter aims at slowing down the pace pursuing for the history of Ming Dynasty through streets and lanes in Nanjing.

【线路推荐】

1. 虎踞龙蟠升帝气——明代皇家文化旅游线路 鼓楼公园——阅江楼——朝天宫——胜棋楼——大报恩寺遗址公园——明故宫遗址公园——明孝陵

2. 七挂云帆下西洋——郑和遗踪旅游线路 郑和宝船遗址公园——静海寺、天妃宫——郑和公园——郑和府邸遗址马府街——浡泥国王墓——郑和墓

3. 山围故国周遭在——明城墙文化旅游线路

线路一：城南旧影今犹在——东水关至西水关段

线路二：阅江揽胜取佛偈——清凉门至仪凤门段

线路三：湖光山色染古意——神策门至太平门段

4. 明代开国功臣官邸墓葬旅游线路 瞻园——白鹭洲公园——郑和府邸遗址马府街——煦园——徐达墓

5. 明代科教文化旅游线路 江南贡院——崇正书院——紫金山天文台——南京博物院——明文化村·阳山碑材

【线路详览】

虎踞龙蟠升帝气——明代皇家文化旅游线路

简介：南京城市建设发展到明代时，进入了一个快速上升的时期，各项建设活动达到了一个高潮。朱元璋建都南京后，大量建设殿、庙、塔、桥，蔚为壮观。这条旅游线路选取了数个具有代表性的皇家建筑，重回明朝，探访南京紫禁城中位于权力巅峰的皇家生活，找寻历史遗迹，通过政治、军事等多方面展现明代的皇家文化。希望通过游览，能在游客心中描绘出一幅大明的五彩画卷，将那谈笑风生的人物与气势磅礴的建筑永存于心。

交通：乘坐地铁1号线至鼓楼站下车(2号口出)

线路安排：鼓楼公园——阅江楼——朝天宫——胜棋楼——大报恩寺遗址公园——明故宫遗址公园——明孝陵

走出鼓楼地铁站，便能看到鼓楼公园内的鼓楼岗，它位于南京城中心，为钟山余脉，海拔40米，岗上便是始建于明代洪武年间(1368—1398)的鼓楼。鼓楼规模宏大、气势雄伟，是当年击鼓报时的场所，堪称明代首都的象征。鼓楼分上下两层，下层为拱形无梁城阙状，中间有券门三道，贯通前后；上层为重檐四坡顶，龙飞凤

明代皇家文化旅游线路图

舞，雕梁画栋，十分壮观。现在鼓楼公园已经成为人们登高远眺、领略古城风貌的胜地。

在鼓楼公交总站乘坐 D2 路(或 168 路、569 路)，在四平路广场南站下车，可抵达阅江楼。若提起江南名楼，黄鹤楼、岳阳楼、滕王阁，自是不必再表，那么阅江楼呢？有多少人在古籍诗文中一睹它的巍峨，却不知道它有一段几百年的“有名无楼”的历史。明洪武七年(1374)，明太祖游狮子山(时称卢龙山)，感慨万端，意欲在山上建一座高耸入云的楼阁，遂亲自命名为“阅江楼”并撰写《阅江楼记》，又命众文臣职事每人写一篇《阅江楼记》，其中以大学士宋濂所撰写至为上乘，该文被载入《古文观止》，并与朱元璋的《阅江楼记》一道流传于世。阅江楼楼记已成，地基也打好了，最终还是因为南京与中都凤阳的城墙建设负担过重而被中止建设了。“一江奔海万千里，两记呼楼六百年”，这一停，便静止了六百年。2001 年，阅江楼终于站在了狮子山上，碧瓦朱楹，彤扉彩盈，具有鲜明的明代风格，充盈着古典的皇家气派。阅江楼内部布局，围绕明太祖朱元璋和明成祖朱棣两代帝王的政治主张展开，二层则展出郑和下西洋的历史。建筑爱好者或者叹息该建筑现代气息过浓，特别是山脚至山顶的观光电梯在一定程度上影响了阅江楼与狮子山自然环境的浑然一成，但是站立于阅江楼顶层，极目远眺，如白练般的长江上货轮船只川流不息，耳边还能听到房檐下铜铃摇曳风中的清脆声，也许能体会到当年初称帝位时，朱元璋踌躇满志又豪情万丈的气概吧。

在兴中门站乘坐公交 21 路，至虎踞南路建邺路站下车，可步行抵达朝天宫。朝天宫位于秦淮区朝天宫街道水西门内冶山，冶山因春秋时期吴王夫差在此地冶铁铸剑而得名，是江南规模最大、保存最为完好的一组古建筑群，现为南京市博物馆。朝天宫在历史上多次易名，朱元璋下令重建后改名为“朝天宫”，取“朝拜上天”“朝见天子”之意。其建筑别致，呈现明代宫殿式的建筑体制，是宫城内宫殿的缩影，今遗存习仪亭，原是明代举行朝贺、演习礼仪的场所。

离开朝天宫，在朝天宫站乘坐 48 路公交，至莫愁湖公园站下车，可抵达莫愁湖公园，下车后沿着莫愁湖小学的西侧步行便可到达坐落在莫愁湖畔的胜棋楼。胜棋楼始建于明洪武初年，楼为两层五开间建筑，青砖小瓦，造型庄重，工艺精美。正门中堂有棋桌，相传这里是明太祖朱元璋与大将徐达弈棋的地方。另外，这里还陈列着朱元璋的画像、复制的龙袍和衣冠、古玩玉器、象牙雕刻、明清红木家具等数百件，堪称金陵之最。胜棋楼相对着的便是被誉为“江南第一名湖”的莫愁湖，湖水荡漾，碧波照人，不妨静坐于河畔，稍作休憩，掬一缕清泉，洗涤身体与心灵上的尘土。

在莫愁湖公园站乘坐 204 路公交，在雨花路站下车，可步行抵达大报恩寺遗址公园。1492 年，明成祖朱棣为供奉南亚传来的佛骨并纪念其生母，下令委任郑和太监为总监工官，于南京中华门外长干里开始了又一项建筑奇迹的创造。具有“中世纪世界七大奇迹”之称的金陵大报恩寺及其琉璃塔在经历了 19 年的建造后，成为当时最为辉煌繁盛的建筑群。大报恩寺作为皇家寺院，恢宏壮观，其高约 78 米的大报恩寺琉璃塔，是明代初年到清代前期南京最具特色的标志性建筑物，被誉为“天下第一塔”，但后毁于 1856 年的太平天国战火。目前在大报恩寺的三大殿遗址之上，建成了大报恩寺遗址公园，再现大报恩寺与琉璃塔的瑰丽雄伟。

南京明故宫遗址在今中山东路南北两侧，乘坐地铁 2 号线在明故宫站下车即可到达，现辟为明故宫遗址公园。明故宫殿宇重重，雕梁画栋，气势恢宏，曾作为明初洪武、建文、永乐三代皇宫，清咸丰三年(1853)大部分建筑毁于兵火。今日在南京明故宫遗址中还可以看到明代故宫的石制照壁、浮雕、残存的石制雕塑，主要是古代吉祥物狮子、麒麟等，以及宫殿建筑的残存柱础。从这些残留的局部中，我们不难看出当日明代宫城的宏伟壮观。行走在这些残垣断壁里，历史沧桑感扑面而来。

继续乘坐地铁2号线至苜蓿园站下，可到达世界文化遗产地——明孝陵。明孝陵是南京规模最大，保存最完好的一座帝王陵墓。明孝陵前后历时38年才建成，陵园依山就势，道路蜿蜒曲折；陵寝则恪守中国建筑之传统，中轴对称，宝城宝顶、前朝后寝的陵墓形制开创了明清600多年帝王陵墓之先河。陵墓的建筑可分为引导建筑的神道和作为主体建筑的陵寝两大部分。明孝陵的神道是中国帝王陵中唯一不呈直线的，而是环绕梅花山形成一个弯曲形状，形似北斗七星。神道长达2 400米左右，分为石象路与翁仲路两段，两边分别排列着6种24只石兽和4对8个高大的石翁仲，每种石兽两跪两立，夹道迎侍。石雕均由整块石料雕凿而成，造型简朴，工艺精湛，代表了明初石雕艺术的最高水平。神道两旁的银杏和枫树到了秋天时，层层渐染，金黄与火红的落叶在神道上编织起最具诗意的地毯，每一步都仿佛是踩在历史的脉搏上，充满了时间的力量。明孝陵经历了600多年的沧桑，许多建筑物的木结构已不存在，但陵寝的格局仍保留了原来恢弘的气派，地下墓宫完好如初。陵区内的主体建筑有方城、明楼、宝城、宝顶，下马坊、大金门、神功圣德碑、神道、石像路石刻等，都是明代建筑遗存。明孝陵的帝陵建设规制，一直规范着明清两代20多座帝陵的建筑格局，在中国帝陵发展史上有着特殊的地位，无愧于“明清皇家第一陵”的美誉。

美食与住宿：

鼓楼公园靠近紫峰大厦，紫峰大厦周围有很多餐馆。你既可以去明瓦廊寻觅南京特色美食，也可以去各大商场的美食汇品尝大厨烹制的饕餮大餐。

鼓楼公园附近有百余家酒店，既有高星级的洲际酒店、城市名人酒店，也有七天、如家等快捷酒店，在南京大学鼓楼校区与东南大学四牌楼校区附近分布着各种类型的经济型酒店。新街口有百余家经济型酒店，还有近20家青年旅舍，无论你走到哪里，抬头总能看到提供住宿的地方。

七挂云帆下西洋——郑和遗踪旅游线路

简介：郑和是我国明代杰出的航海家，他用了28年的时间谱写下壮丽的七下西洋航海之歌。郑和在南京生活、任职近30年，船队在南京组建，首次航海在南京下水，晚年的郑和也定居在南京，可以说，郑和与南京有着千丝万缕的联系。作为郑和七下西洋的发源地，有关郑和的历史遗存在南京随处可见。本次旅游线路串联起多个相关的历史遗迹，踏上百年前下西洋的宝船之旅，航行在历史的游线之中，追寻郑和远去的身影。

交通：乘坐地铁 1 号线至玄武门站(4 号口出)下车，乘坐 47 路公交至宝船遗址公园站下车

线路安排：郑和宝船遗址公园——静海寺、天妃宫——郑和公园——郑和府邸遗址马府街——浡泥国王墓——郑和墓

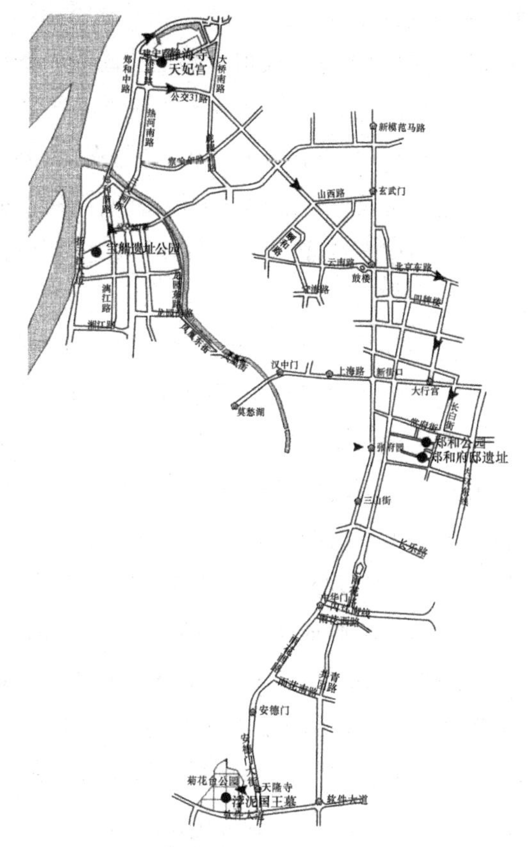

郑和遗踪旅游线路图

郑和宝船遗址公园位于长江之滨的鼓楼区中保村，坐落于 600 年前的龙江宝船厂遗址之上。该遗址当年为郑和建造航海宝船的工厂，是当时世界上最大的造船基地。郑和宝船遗址公园是为纪念“郑和下西洋六百年”而建设的融旅游、纪念、展览、休闲为一体的大型遗址公园。进入公园来到博物馆广场，抬头仰望，不禁被博物馆广场正中那 1.6 米高的“郑和铜钟”所震慑。广场正北为宝船厂遗址博物

馆，馆内有郑和的宝船模型，还有展示《航海图》的百米碑廊，再现了当年宝船厂的恢宏气势和繁忙盛况。遗址公园内的“明文化”与“船文化”氛围十分浓厚，能带领游人在观赏和体验中感悟郑和下西洋的壮举。

走出郑和宝船遗址公园，乘坐公交307路，在南京西站下车，步行可至静海寺。这座始建于明初的寺院与中国历史上的两大历史事件密切相关，一是这里曾经是郑和七下西洋的起点，二是丧权辱国的《南京条约》正是在此议定下来的。可以说静海寺与郑和之间的渊源颇深，它是明成祖为褒奖郑和而敕建的，取“四海平静、天下太平”之意，这里曾珍藏和栽种郑和七下西洋所带回的大量珍宝和珍稀植物，寺中6米多高的天妃宫碑碑文也记录了明成祖对妈祖圣德的颂扬和郑和下西洋的丰功伟绩。数百年来，静海寺几毁几修，历经沧桑，1949年后在其旧址上修建了仿明建筑。前面所提的天妃宫碑原本并不存于静海寺，它是在郑和四下西洋归来后，于天妃宫内立起的“御制弘仁普济天妃宫之碑”，为国内现存最大的郑和下西洋石刻。天妃宫与静海寺相依而立，始建于明永乐五年(1407)，由明成祖赐名，以纪念郑和第一次下西洋平安归来。

如果说郑和宝船遗址公园和静海寺是郑和七下西洋壮举的见证，那么郑和公园和郑和府邸遗址则是郑和曾生活在南京的重要遗存。

从静海寺出发，步行至中山桥站，乘坐31路公交车在白下路站下车，沿常府街转入长白街便到达郑和公园。郑和公园原为明代郑和在南京任守备太监时的府邸花园，公园内有古色古香的双抱亭、优雅的长廊和庭院式的郑和纪念馆。郑和纪念馆位于公园的东南角，是一组仿明建筑群，主体是一幢两层楼的展览厅，附设有郑和学术研讨馆及六角凉亭，其间紫藤成荫，翠竹掩映，颇具江南园林之趣。

郑和府邸遗址位于郑和公园的南侧，从郑和公园出来步行约400米便是。郑和府邸遗址位于秦淮区马府街，据传府邸当初有房舍72间，毁于太平天国时期。马府街东起长白街，西至太平南路，因郑和原姓“马”，故而郑和官邸被称为“马府”，其所在的街道也因此改称为马府街，并一直沿用下来，这也反映了郑和家族在南京的显赫地位。现在仅有郑和府邸遗址纪念亭和纪念石碑，六角亭子上的红色油漆有些脱落，亭子中央竖立着一块石碑，石碑的正面印刻着“郑和府邸遗址”的字样，石碑的背面则是介绍有关郑和以及郑和下西洋的情况。

以上四个景点基本囊括了郑和生前在南京的主要踪迹——宝船与官邸，下面将要去探寻一处特别的外国国王陵墓——浡泥国王墓，它是南京唯一的外国国王陵墓。在这条以郑和为主题的游线里，之所以穿插了这样一个景点，也是出于这位外国国王生前与郑和的种种渊源。离开郑和府邸遗址，可步行至张府园地铁站，乘坐地铁 1 号线在天隆寺站下，从 3 号口出，即可步行抵达浡泥国王墓。浡泥国即今天的文莱达鲁萨兰国，早在北宋时就与中国有使节往来。明永乐六年(1408)，浡泥国王麻那惹加那乃携王后、王子一行 150 多人，随郑和航海船队来中国访问，受到了明成祖朱棣的盛情款待。然而麻那惹加那乃停留月余后不幸染病，经御医调治无效，当年八月病卒于馆舍，享年 28 岁。明成祖遵其“希望体魄托葬中华”之遗愿，辍朝三日，并以中国王礼葬之于南郊安德门外石子岗。多年来，浡泥国王墓游客不断，文莱还多次专门派人前来敬谒。这座在中国土地上的外国国王陵墓，成为中华民族历史上与其他国家友好交往的见证。

最后将要拜访的是郑和墓。1433 年，在第七次航行期间，郑和在印度西海岸古里去世，后被赐葬于南京牛首山。郑和墓位于牛首山南麓，左右峰峦环抱，现在的郑和墓是 1985 年在原墓址上按伊斯兰教风俗改建的。整个墓呈“回”字形，墓盖下部雕饰祥云草叶莲花座，墓顶雕有阿拉伯文“安拉伟大”四个字。墓下石阶共 4 组 7 层共 28 层，每级 7 层象征郑和七次下西洋，历时 28 年，访遍 40 多个国家和地区。墓道入口处，建有一座仿明代风格的厅室建筑，为郑和纪念室，里面陈列着郑和画像及郑和的《航海图》等有关文物。

美食与住宿：

宝船遗址附近的草场门大街、郑和公园附近的小火瓦巷都是美食的天堂，郑和公园位于闹市区，随意钻进某一条小巷子都能看到美食的影子。郑和公园附近有布丁酒店(郑和公园店)，你也可以步行至邻近的七天连锁或者格林豪泰入住。

山围故国周遭在——明城墙文化旅游线路

简介：城是人类社会由野蛮向文明发展的标志之一，我国有长达 3 000 年的建城史，全国共计有 2 000 多座城池，南京明城垣无疑是中国现存古城的经典代表。南京明城墙建于 600 多年前的明朝，前后共花费 21 年的时间才造就了这座举世无双的城池。明城墙是世界第一大城垣，由内向外形成了宫城、皇城、京城、外郭四重城墙环套的格局，不遵循古代都城取方形或者矩形的旧制，设计思想独特，建造工艺精湛，规模恢弘雄壮，在钟灵毓秀的南京山水之间，蜿蜒盘桓达 35.267 千米。明城墙外郭原有 18 座城门，内城开有 13 座城门，合称“里十三外十八”，清代吴敬梓在《儒林外史》中，把内城 13 座城门，按逆时针方向编成了顺口溜：“三山聚宝临通济，正阳朝阳定太平，神策金川近钟阜，仪凤定淮清石城。”历经数百年的沧桑，宫城、皇城、外廓三圈城墙已被毁坏殆尽，现存的明代城门还有聚宝门（中华门）、石城门（汉西门）、神策门（和平门）和清凉门，其中除神策门还保留有清朝时修建的城楼之外，其他城门的城楼都已无存。

“城门城门几丈高？三十六丈高！上的什么锁？金刚大铁锁！城门城门开不开？”这是南京城的一首童谣，几乎贯穿着每一个南京小孩的童年，也足见南京城墙在每一个南京人心目中的地位。在南京，无论是徒步、骑车、驾车，人们在靠近城墙时，总是会下意识地放慢脚步。触摸着青砖发一下呆，猜想一下几百年前曾在此发呆的会是谁，一百年后谁又会在此徘徊。如今的城墙上早已没有了守军，唯有高大的城墙沉默屹立，守望着城墙内外的人们。

自 1993 年南京市开始组织大规模城墙修缮，并以青奥会为契机，在其开幕前终将这座世界最大城垣完整地展现在了世人面前。过去明城墙的开放是碎片式的，不过七八公里，而重新整修后的明城墙分为六段全线开放，全长总计 23.3 公里。同时开放的 33 个登城通道，也意味着人们再也不用站在城墙脚下，沿着护城河追寻城墙的身影，而是可以方便地登上城墙，踩在每一段城墙之上，或步行，或骑行，感受不同角度下南京城的魅力所在。

由于明城墙全线距离长，完整地步行下来大致需要一天的时间，而不同的城墙段都有着各自的风光和特点，读者可以根据自己的体力状况和审美倾向，在多段城墙游线中做出选择。

以下选取了明城墙中目前保存较为完好、旅游体验度较高的三段作为游览线路。

线路一：城南旧影今犹在——东水关至西水关段

简介：南京城墙经过大规模整修开放后，东水关至西水关段是一段可以骑行的城墙段落，并且经过中华门瓮城——世界上保存最完好、结构最复杂的古城堡式城门。这条线路沿线风景优美，可观赏到内外秦淮河、夫子庙、老门东以及复建后的大报恩寺琉璃塔等景点，能够居高俯瞰城南旧貌。需要注意的是，这一段是收费城墙段，票价 50 元，中华门瓮城不另外收费。

交通：乘坐地铁 1 号线至三山街或地铁 3 号线至夫子庙站下，乘坐 7 路公交，至通济门站下车

线路安排：东水关——武定门——雨花门——中华门（瓮城）——长干门——集庆门——西水关

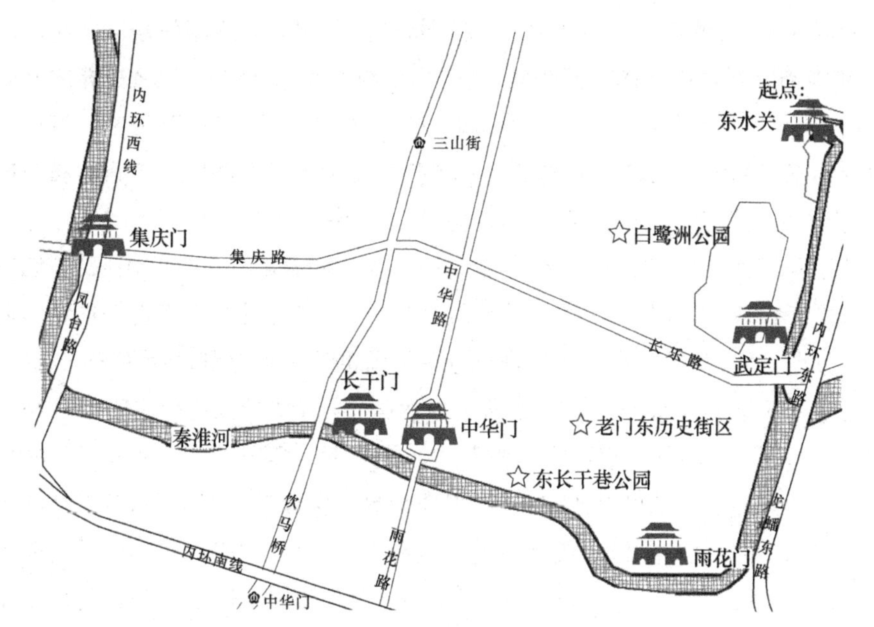

东水关至西水关段明城墙游览线路图

由于此条线路是从东水关开始登城之旅的，可以选择先抵达东水关遗址公园。东水关是秦淮河流入南京城的入口，也是南京古城墙唯一的船闸入口，始建于明初，是古代南京保存至今的一座最大的水关，其建筑遗迹由水闸、桥道、藏兵洞、城墙四部分组成。站在东水关城墙的最高处鸟瞰水关全景，颇有“一览众山小”的气势。这里虽然距离夫子庙景区仅半里之遥，但全然没有车马喧闹之声，远处古今建筑物仿若精致的画卷，随着步行影离，景致悄然转换。

东水关至西水关城墙顶面平坦开阔，宽度在 12 至 14 米之间，没有太多的陡坡和转弯，适合人力黄包车的运行，如果不愿意步行，可以分段购票，乘坐黄包车往返于各城门之上，车夫兼任导游，会向游客介绍沿途的风物景点。目前开放有三条行车线路:“中华门瓮城——雨花门——武定门——东水关”“中华门瓮城——长干门”“长干门——集庆门”。

位于长乐路的武定门是近年来刚修复完成的城门，它将长乐路南北两侧的明城墙连成了一体。虽然它复建于现代，但同样有值得游览的部分。武定门城门同样设有登城口，而且其内部空间的改造别具一格。通过登城通道进入内部的公共空间，人们可以在“游客服务站”享受基本的消费服务，还可以在金陵书苑“垣里书香”店看书。另外，在武定门以南的城墙内，还分别有两处南唐遗址:南唐城墙遗迹展厅和南唐伏龟楼遗址。

离开武定门，继续沿城墙往南走，便可抵达雨花门。这座城门是由国民政府于1936年在南京明城墙基础上开辟的，主要用于将南京市内的小铁路在养虎巷处与江南铁路连接，与京粤线贯通。它曾是南京唯一以通铁路、走火车为主的城门。如今屹立在秦淮河畔的雨花门复建于2009年，在建设风格上保持了与其他城门的一致性，大块现代条石间斑驳的明时墙砖仿佛还在诉说一段历史。

从雨花门往中华门前进，一路上秦淮河风光带的旖旎景色尽收眼底，城墙的年代感渐次浮现，你可以仔细去看每一块城墙砖石，依稀可见的文字正是这块城砖的制造人姓名，这也是明太祖朱元璋推行近乎严苛的质量追踪制度所带来的产物，但这的确保证了墙砖高水准的质量品质。抵达中华门瓮城后，站在这座南京城正南门之上，尽可领略明城墙的宏大与巍峨。中华门，明代称聚宝门，为南京古城墙十三个城门中规模最大的城堡式城门，是当今世界上保存最完好、结构最复杂的古城堡。中华门前后有四道城墙，最外一道是城堡，城墙格外宽厚。从这道城门向内看去，四道门洞前后依次站立，诉说着几百年的战火和沧桑。四道城门之间形成了三重院落，城墙上古藤倒挂，铅华褪尽，透出的年代感不禁让人遥想起朝代更迭，世事无常。

离开中华门城堡向西行1千米左右，可抵达长干门，这也是一座新建的城门，于2008年竣工，有5个拱门并列组成。“长干”二字让人不难联想到南京的古地名“长干里”，充满了老城南的生活气息。由长干门再向西行到达集庆门，该城门开于1991年，为沟通中华路而建，取集庆路之名，由登城通道可进入集庆门城墙内的“游客服务站”。

至此，这条游览明城墙古迹、欣赏沿途城南风光的旅程已接近尾声，从集庆门走下城墙之后，如果愿意继续访古，在这里推荐水西门遗址公园，这一带通常被称为汉中门，但实际上汉中门并不是明代开辟的南京城最初十三座城门之一，并且现在只有名字而无城门。而如今所谓“汉中门市民广场”周围的城墙，实际上是明代汉西门瓮城。汉西门又称石城门，始建于南唐，为南京现存的四个明代城门之一，如今这里城门犹在，古名已不复存在。

美食与住宿：

此条步行路线沿线不乏美食与住宿的身影。最为推荐的是汉中门附近的石鼓路，这里是南京特色小吃的聚集地，你可以去芳婆糕团店品尝地道的酒酿元宵；集庆门靠近万达广场，广场内有专门的美食楼层；中华门靠近夫子庙景区，这里有众多秦淮小吃。

夫子庙附近有速8、莫泰、7天等快捷酒店，还有夫子庙青年旅社，类型多样，选择余地较大。

线路二：阅江揽胜取佛偈——清凉门至仪凤门段

简介：此段游线以鼓楼区的城墙段为主，起于清凉山，止于狮子山。清凉山蜿蜒伸展于汉中门至定淮门一带，而挹江门至仪凤门段则守望于狮子山风景区，沿途可观阅江楼、静海寺、绣球公园等景点，登高远望，可以看到内秦淮河与长江相交汇，江面之上来往货船穿梭不息。其中清凉山—仪凤门段免费开放，而环绕狮子山的1千米城墙段，因为在阅江楼景区的范围内，所以登城仍需购买景区门票，目前票价为40元。

交通：乘坐地铁2号线至汉中门站下，乘坐21路（或134路、23路、152路），在虎踞路清凉山站下车可至清凉门

线路安排：清凉门（石头城遗址公园）——国防园——定淮门——华严岗门——挹江门（绣球公园）——仪凤门（天妃宫、静海寺、阅江楼）——狮子山

清凉门建于明朝初年，属于明初内城十三座城门之一，同时也是南京现存的四个明代城门之一，它由一道城门和一圈椭圆形瓮城构成，现在镝楼已经不存，其余基本保存完好，现有登城口两处，可登上城墙游览。清凉门地处幽僻，因坐落在清凉山，故称清凉门；由于面临秦淮河，又称清江门。这段城墙建造在清凉山西南部高低起伏的山崖上，地处偏僻，600多年来一直行人稀少。清凉门西北侧便是石头城，现建有石头城遗址公园。公园以"石城怀古"为主题，以南京明城墙为轴线，将石头城的悠久历史与自然山水有机结合，"鬼脸照镜子"是其著名景点之一。清凉门至国防园段只有1千米的距离，但沿路遗址保存良好。

走出石头城遗址公园，沿石城路一直行走，途经草场门大街，到达定淮门大桥，这里是原定淮门旧址，现在只保留了定淮门的地名，而定淮门城门楼则只剩下了遗迹。从定淮门登城口登上之后开始向狮子山进发的旅程，沿途可观小桃园公园、八字山公园、绣球公园、天妃宫、静海寺、狮子山公园、阅江楼等景观。

定淮门之后便是另一座新开城门——华严岗门。它是在明城墙坍塌缺口处修建的，竣工于2007年。离开华严岗门，一直沿城墙北行，便可经过小桃园、八字山公园，春天里小桃园内盛放的桃花美不胜收，堪称一景。

至此便已进入狮子山风景区的外围，漫步城墙之上，尽情领略明城墙下关段的旖旎风光。华严岗门之后便是近代所开的挹江门，其初建于1913年，时称海陵门，

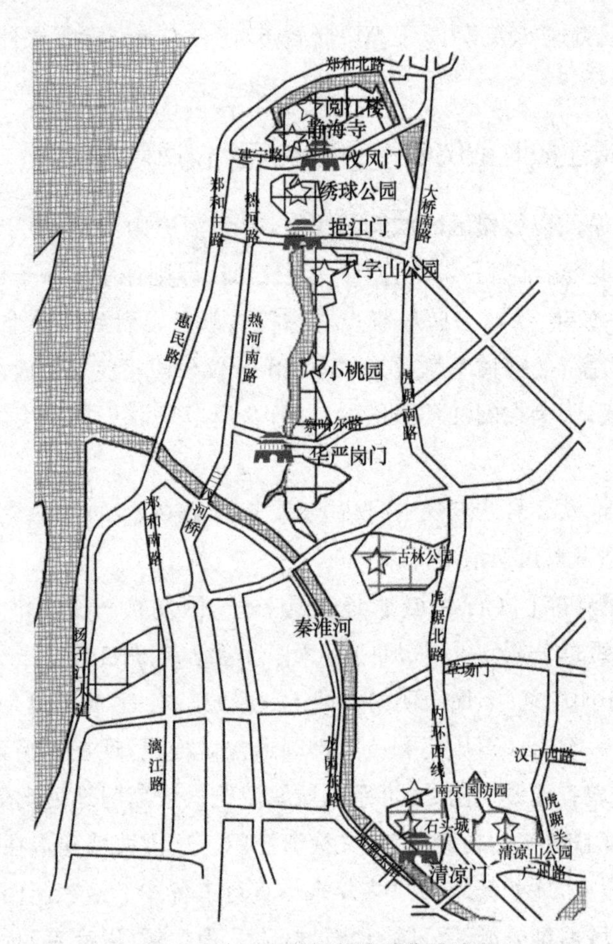

清凉门至仪凤门段明城墙游览线路图

仅有一拱，1931 年改名“挹江门”，匾额是由戴季陶先生亲笔题写的。后来为迎接孙中山灵柩入宁，城门被拓宽至三拱。现在中间的一拱为两车道，周边的两拱为人行道。挹江门两边仍存有明城墙，多为重修。一侧通向仪凤门、阅江楼。进入挹江门，左侧是八字山与小桃园，右侧是绣球公园。绣球公园因绣球山而得名，内有绣球山、马娘娘脚印、东湖、观鱼池、西园三岛等景观，现在已成为市民休闲娱乐的场所。

挹江门之后便是仪凤门，它也是明初内城十三座城门之一，呈东西走向，依狮子山而建，为三孔城门，上有两层城楼。据传狮子山有龙凤呈祥地势的风水，所以明代初年本地段城墙建有钟阜门（向东）、仪凤门（向西）两座相对的城门。但明成祖朱棣迁都北京后，仪凤、钟阜两门曾一度被封堵达 200 年，直至清时才得以疏通。

从仪凤门向东行，进入狮子山风景区，依次可游览阅江楼、静海寺、天妃宫。阅江楼坐落在狮子山山巅，濒临长江，楼高 20 米，共 7 层。阅江楼内有明朝十六位皇帝的造像、明朝版图、汉白玉雕刻的《阅江楼记》等明代珍贵典藏。由阅江楼下行约 5 分钟便可看见一座黄墙黛瓦的寺庙——静海寺。静海寺建于明永乐年间(1403—1424)，是明成祖朱棣为褒奖郑和航海的功德，同时为供奉郑和从异域带回的珍贵玩物以及奇花异木而建造。静海寺曾三次被毁又三次重建，现寺内有郑和纪念堂、天妃宫碑。天妃宫位于狮子山麓，始建于明朝永乐年间。郑和第一次下西洋平安归来后，认为海上平安为天妃神灵感应所致，于是奏请朝廷赐建天妃宫。其后郑和六次下西洋出航前，都要专程到天妃宫祭拜妈祖。

美食与住宿：

清凉门附近有河海大学、南京艺术学院等高等院校，如果你想重温学生时代的感觉，可以到这些学校的食堂寻觅往昔味道。另外，国防园内提供户外烧烤，可租用台位和木炭，是郊游踏青的好地方。

狮子山风景区附近连锁快捷酒店较少，有部分商务酒店和青年公寓可供选择。

线路三：湖光山色染古意——神策门至太平门段

简介：此段城墙从玄武湖以北的神策门一路蜿蜒至太平门附近，是南京城现存最长、最完好、最高大的城墙段，全长 5 000 米，门票 30 元，从中央门、玄武湖隧道、玄武门、解放门、太平门等登城口均可登城，沿途可观神策门、明城垣史博物馆、台城遗址、鸡鸣寺、民国考试院、九华山、药师塔、三藏塔、太平门等景观。此段城墙是一览南京山水城林风光的最佳视角，特别能满足摄影爱好者拍摄南京古今地标建筑的需要。你可以选择步行，也可以选择乘坐景区提供的人力自行车。

交通：乘坐地铁 1 号线或地铁 3 号线至南京站下，乘坐公交 555 路(或 557 路、558 路)在中央门东站下

线路安排：神策门(神策门遗址公园)——玄武门(玄武湖公园、明城垣史博物馆、台城)——解放门——太平门

神策门是明城墙十三座内城城门中保存最完整的一座，也是南京现有所有城门中唯一保留有民国以前镝楼的城门，瓮城、券门及三开间的歇山顶城楼仍在。由马道登上城楼，微风过处，护城河在脚下蜿蜒流淌，远处的玄武湖碧波荡漾，尽可感受明城墙的幽然古意。神策门至玄武门段是现存 23 千米明城墙中最为精华的部分，而这一段长 2 千米左右的城墙，百年来都没有对外开放过，经过整修后该段终

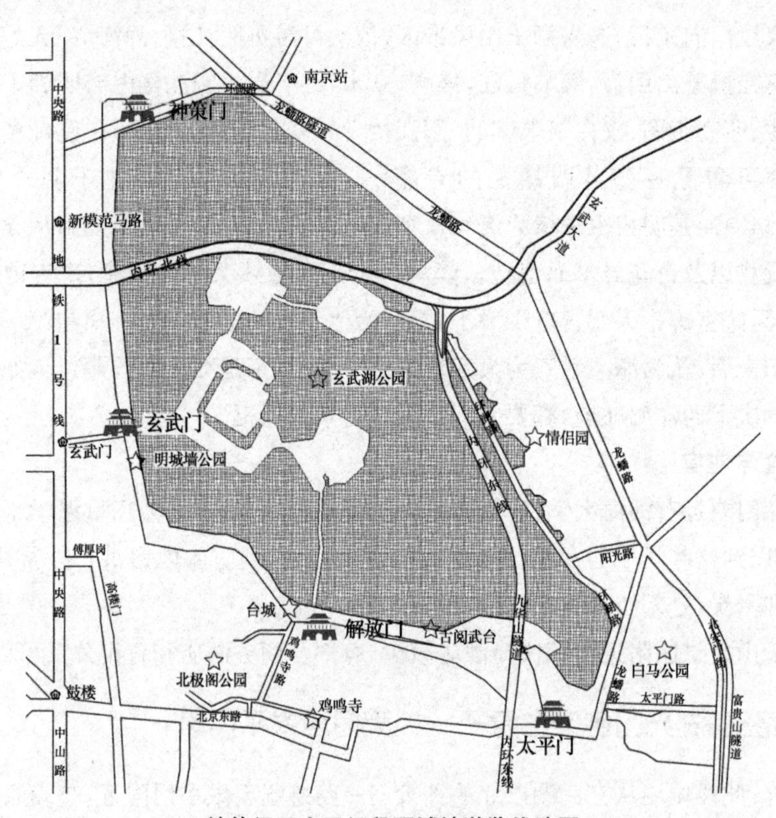

神策门至太平门段明城墙游览线路图

于在 2014 年 10 月实现了对公众的开放。开放后的神策门之上的二层城楼安排了历史陈列展，将神策门的历史渊源向游人娓娓道来。

神策门至玄武门段沿着城墙开辟了慢行区域，一边是秀美的玄武湖，一边是繁华的都市风光，沿着小道一路南行，便可到达玄武门。玄武门辟于近代，原名“丰润门”，后改名为“玄武门”，它是南京规模最为宏大的城门，现在已经被辟为玄武湖公园的大门，城门为三孔券门。由大门进去便是被誉为“金陵明珠”的玄武湖公园，明朝时这里是黄册库，为皇家禁地。经过整修后的玄武门同样设置了登城通道，游人可以方便地进入玄武湖通道内部的多功能展厅。

从玄武门出发沿着城墙徐行，到达台城，这里曾是东晋和南朝的朝廷禁省和皇宫的所在地，而现在所谓台城多指从解放门向西延伸出的一段明朝城垣，它深厚的历史文化底蕴也使得它成为历朝各代无数诗人词家怀古的对象。目前台城改造了原明城垣史博物馆的临湖厅，一层为书吧，二层为“大明华章 · 南京明代文化展”。

离开台城，不远处便是下一座城门——解放门，它竣工于 1954 年，为防空疏散

和便利交通的需要而开。解放门之上修建有明城垣史博物馆。博物馆北揽玄武湖，馆内设有《南京城墙》基本陈列，系统地介绍了南京城墙的历史沿革、建造特点以及它在中国和世界城市发展史上的地位和价值。明城垣史博物馆重点收藏明代铭文城砖及众多相关的文物资料和文献资料，标本城砖达600多种，其中还有明代宫廷专用的“金砖”。

明城墙自解放门向太平门方向延伸，随着坡度的缓缓上升，这里的墙体高度远远超过沿玄武湖段城墙，这也使得解放门段城墙成为摄影爱好者流连之地，玄武湖、紫金山、鸡鸣寺等标志性美景一览无余。

太平门位于南京城的东北垣，是南京城北面的正门，属于明初内城十三座城门之一，毁于上世纪50年代。目前这里开设了登城口，可以经由这里走上素有“龙脖子”之称的太平门城墙段，它因太平门据山湖之险、扼钟山之势而得名。

美食与住宿：

玄武门靠近湖南路，这里是南京最繁华的商业街之一，无论是街头小吃还是特色餐馆，总能满足你的美食需求。

神策门至玄武门段林立着众多的快捷酒店，你可以去玄武门地铁站附近的如家快捷酒店或桔子酒店，也可以在湖南路找一家心仪的酒店住宿。

明代开国功臣官邸墓葬旅游线路

简介：明朝开国皇帝朱元璋出身贫贱，却在群雄并起的战乱时代里击破各路农民起义军，在应天府(今南京)称帝，国号大明，后征战南北，最终结束了蒙元在中原的统治，平定四川、广西、甘肃、云南等地，得以统一中国。可以说，这样的赫赫战功离不开他早期的从谏如流，求贤若渴，帐下招揽了各路豪杰英雄，文臣武将俱全。然而晚年的他好诛杀，使得一代开国元勋很少有善始善终的。开国元勋之一徐达却是个例外，史书称“洪武诸功臣，惟达子孙有二公，分居两京”，因徐达谦逊忠诚，不居功自傲，而得以善终，子孙承袭魏国公和定国公。在南京，莫愁湖胜棋楼曾是朱元璋与徐达对弈之所，瞻园曾是徐达家族的府邸，白鹭洲是徐达家族的花园别墅，而在明孝陵旁，更是有规制宏伟的徐达墓葬。这条线以明初功臣府邸墓葬为主题，同时穿插了徐达、郑和、朱高煦等功臣贵族的府邸花园旧址。

交通：乘坐地铁1号线至三山街站下；或乘坐地铁3号线至夫子庙站下

线路安排：瞻园——白鹭洲公园——郑和府邸遗址马府街——煦园——徐达墓

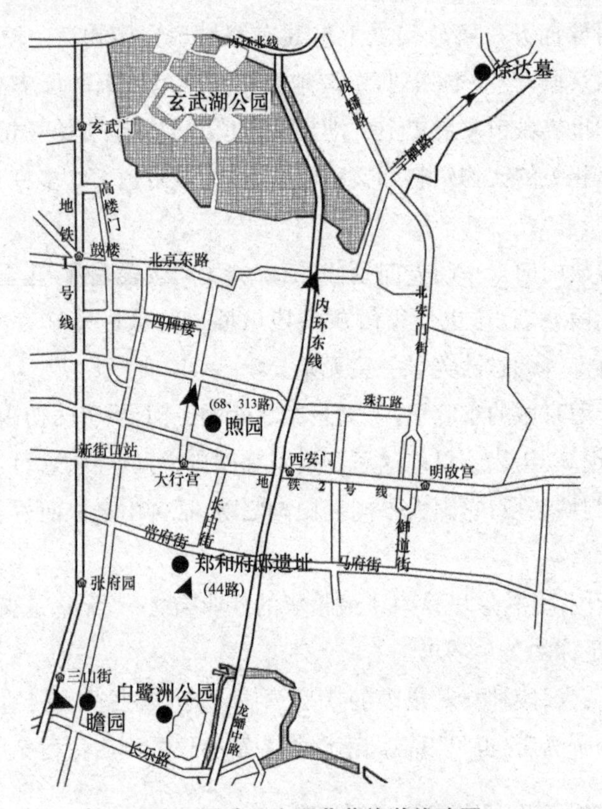

明代开国功臣官邸墓葬旅游线路图

瞻园是南京现存历史最为悠久的古典园林，也是南京保存最为完好的一组明代古典园林建筑群，至今已存世600余年，以欧阳修诗“瞻望玉堂，如在天上”命名，是江南四大名园之一。瞻园始建于明嘉靖年间(1522—1566)，原为开国功臣徐达七世孙太子太保徐鹏举府邸的西花园，后来也是清朝各任江南布政使办公的地点。清乾隆帝巡视江南，曾驻跸此园，并御题“瞻园”匾额。太平天国时期，瞻园先后为东王杨秀清府、夏官副丞相赖汉英衙署和幼西王萧有和府，这也为建国后迁入太平天国历史博物馆埋下了伏笔。瞻园在百年间历经风雨，建筑与规模都几经侵蚀，但仍保持住了园林典雅精致的布局特点，以及宏伟壮观的建筑风格，如今王府内还珍藏有镇宅之宝“虎子碑”，还有世界上最早的空调建筑——铜亭，即扇亭。

离开瞻园，沿瞻园路向贡院街方向走，左转进入贡院街后过文源桥进入小石坝街，再走两百米便可到达白鹭洲公园。这座城南最大的公园曾是明朝开国元勋中山王徐达的家族别墅，故称为徐太傅园或徐中山园，为徐达长女仁孝皇后于永乐初年时赐予徐氏家族的。传至徐达五世孙少子徐天赐时，大兴土木，改名“东园”，正德至万历年间(1506—1620)也是徐氏家族园林的鼎盛时期,园主常与许多著名文人在此行诗酒欢会。据传明武宗南巡时,还曾慕名到该园赏景钓鱼。几经废兴之后,在东园旧址上开辟的白鹭洲公园,已成为夫子庙秦淮河风光带的重要组成部分,特别是在晚上上演的水景演出,为夜游秦淮河画上了最华美的终止符。

从城南北上,在长白街站乘坐 49 路或 44 路、1 路、304 路在太平巷站下车步行可至郑和府邸遗址马府街。郑和原名马和,是来自云南地区的回族人,因在靖难之役中为燕王朱棣立下战功,而被后来的明成祖朱棣在南京御书"郑"字赐马和郑姓,以纪念战功,史称"郑和"。在这之后,郑和不改功臣本色,在 1405 年到 1433 年间,七下西洋,完成了人类航海史上的一大壮举,最终在最后一次航行中病死于海外异乡。郑和在南京的官邸因其旧姓而被称为"马府",所在的街道更是被称为"马府街",并一直沿用至今。

继续一路北行,乘坐公交 44 路或 304 路在总统府站下车便可到达总统府景区,而煦园则在其内。洪武元年(1368),朱元璋为招抚劲敌陈友谅旧部,在此为陈友谅之子陈理建造了汉王府。其后,明成祖封其次子朱高煦为汉王,遂辟原汉王府东半部为"新汉王府",此园为府第西园,并以汉王朱高煦名中的"煦"字而得名。煦园与瞻园并称为金陵两大名园,虽然前者在体量和规模上不比后者,但胜在小巧玲珑,虚实相映,层次分明,是中国园林建筑的代表之作。经历过百年沧桑,现在煦园内还保留有大量古迹,有著名文人俞樾所书的《枫桥夜泊》诗碑,还有刻有道光皇帝御笔"印心石室"四字的石碑,更有民国时期孙中山的临时大总统办公室和起居室。

走出总统府,在大行宫北站乘坐 68 路或 313 路在钟麓花园站下车,步行可抵达明孝陵·徐达墓。徐达是明朝开国元勋,官至右丞相,兼太子少傅,封魏国公,死后追封为中山王,谥武宁,赐葬钟山之阴,配享太庙,肖像功臣庙,位皆第一。徐达墓位于中山王陵园内,坐北朝南,面对钟山,墓园规制宏伟,2006 年与其他明初功臣墓一并与明孝陵合并列为全国重点文物保护单位。入口处立"明中山王神道"牌坊,神道长约 300 米,牌坊后为神道石刻,现尚存神道碑 1 块,石马、石羊、石虎、武士、文臣各 1 对。"御制中山王神道碑"是明代功臣墓中最大、最有代表性的一块,其高度甚至超过了"大明孝陵神功圣德碑"。该碑分为三部分:上为浮雕云龙文碑额,正中刻篆体"御制中山王神道碑"字;中为碑身,刻有朱元璋亲自撰写的碑文,共 28 行,2 000 余字,记载了徐达一生的功绩,文中标有句逗,这在古碑中极为罕见;下为龟趺碑座。神道的终点是墓冢,为徐达夫妇合葬墓,下用块石垒砌,上为封土。墓冢前有其后人所立石碑,上刻"明魏国公追封中山王谥武宁、夫人谢氏之墓"。徐达墓往东不远就是朱元璋外甥李文忠的墓地，墓园坐西朝东，正对钟山，由神道碑、神道石刻，享殿前门、享殿、墓冢等建筑组成。李文忠墓石刻是目前南京地区保存最完整的一组明代早期开国功臣墓神道雕刻艺术品。

美食与住宿：

瞻园与白鹭洲公园均为夫子庙秦淮河风光带的景点，路过夫子庙景区，不妨逛逛这里的小吃街，品尝南京最地道的传统小吃，这里推荐位于瞻园路42号的回味鸭血粉丝，以及蒋有记的牛肉锅贴、奇芳阁的鸭油酥烧饼。

从明孝陵返回新街口后，可以在往张府园站方向寻找下榻的宾馆。这里推荐南京中心大酒店，它位于鼓楼区中山路75号，交通便利，乘坐公交可方便抵达。

明代科教文化旅游线路

简介：明朝是中国传统文化发展的一个黄金时期，在相对开明的社会环境中，中国古代文学艺术得到空前发展，并出现平民化、世俗化的趋向。明初建都南京，南京在成为政治中心的同时，也加快了文学重心南移的进程，以宋濂为代表的诗文家一扫元末文坛纤丽柔弱的文风，作品古朴豪放。明太祖重视教育，大力发展官学，曾在南京修建国子监，并扩建江南贡院，其规模为各省之首。明成祖更是在南京完成了一项人类文明史上的壮举。他动用朝廷上下两千多人，历时六年，参用南京文渊阁全部藏书，编修成一部集中国古典文化大成的百科全书——《永乐大典》。南京成为留都后，也有不少著名文学家任职寓居于此，结社吟诗风气盛行，书院教育发达，人才辈出。中国古代科学技术在明代也得到了进一步的发展，农学、医药学、金属冶炼、建筑、造船、印刷业、天文历法等方面都居世界领先地位。明初朱元璋在鸡笼山设"观星台"，后在1385年扩建为国家天文台，比英国格林威治天文台还要早将近三百年。

此条线路选取多处与明朝科教事业相关的景点，有科举场江南贡院、明朝书院崇正书院，还有保存有明朝天文观测仪器的紫金山天文台，另外推荐南京博物院，以弥补不能全览珍贵文物遗存的遗憾。

交通：乘坐地铁1号线至三山街站下；或乘坐地铁3号线至夫子庙站下

线路安排：江南贡院——崇正书院——紫金山天文台——南京博物院——明文化村·阳山碑材

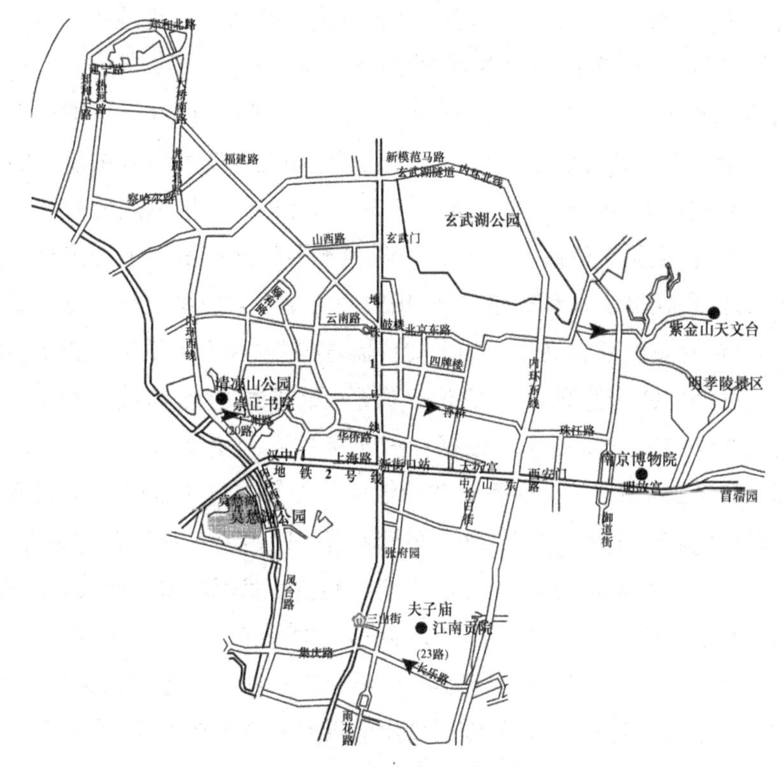

明代科教文化旅游线路图

江南贡院位于著名的夫子庙景区，始建于南宋年间，作为县府学考试场所。明太祖朱元璋定都南京后，集乡试、会试在此举行。江南贡院曾经占地约 30 万平方米，东起姚家巷，西至贡院西街，南临秦淮河，北抵建康路，为夫子庙地区主要建筑群之一，鼎盛时仅考试号舍便超过两万间，创造了古代科举考场中国之最。目前在其旧址上新建有中国科举博物馆。

从江南贡院出发，在长乐路站乘坐 23 路至虎踞路清凉山站下车，步行可至崇正书院。崇正书院位于清凉山公园内，景区内还有扫叶楼等其他明清文物遗址。清凉山一带一直是南京重要的文化中心，这里在因山上的清凉寺而被改名为清凉山之前，被称为石头城，自南唐后主李煜之后，这里便是文人墨客游访南京的必到之地。而到明朝嘉靖年间(1522—1566)，清凉山上不仅时有阵阵悠远的钟声，还传来了读书声。崇正书院由户部尚书、泰州学派重要人物、当时的南京督学耿定向创建，名称取自文天祥诗句“天地有正气”，并有推崇正传儒学之意，明代首位南京状元焦竑即出自该书院。焦竑家住离清凉山不远的北门桥，至今还有条焦状元巷。离崇正书院不远便是扫叶楼，这里曾是明末清初著名画家、诗人龚贤的旧居，他因不愿出仕于清廷，而多年漂泊在外，后晚年回归南京购清凉山荒地半亩，建屋四椽，号“半亩园”，以卖字画教学为生，悠闲自得。

在清凉山站乘坐公交20路，在紫金山索道站下车，步行可至中国科学院紫金山天文台。紫金山天文台位于南京市玄武区紫金山上，是我国自主建立的第一个现代天文学研究机构，被誉为“中国现代天文学的摇篮”。这里想要介绍的并非紫金山天文台本身，而是它珍藏的数件代表明朝天文观测技术水平的仪器，即浑仪、简仪和圭表，这些仪器制作精美绝伦，使用精确方便。它们虽是自北京古观星台搬运来的，但其前身是南京古观星台的天文仪器，这座古观星台便是建造于明洪武年间(1368—1398)的钦天监观象台，它位于鸡笼山北极阁之上，所放置的天文仪器由元朝著名天文学家郭守敬所制。根据传教士利玛窦的记载，这批“仪器皆铸以青铜，制作精美，装饰华丽，其宏伟雅致非欧洲所能匹敌。且诸器屹立于此垂二百五十年，几经风霜雨雪，迄无所损”。如今虽然不能一睹这座古观星台的雄美，但是还是可以去看看那几件珍贵的天文仪器，去了解明朝时我国所取得的天文成就。

继续乘坐公交20路(或203路、315路)，在梅花谷西门站下车，可到达南京博物院。南京博物院是中国第二大博物馆，馆藏丰富。如果你是明朝文化的爱好者，那么在这里推荐明清瓷器馆，陈列馆所展出的近600件精选展品，绝大多数为明清时代的官窑传世品，精巧绝世，琳琅满目。当然在漆器馆、玉器馆以及古代绘画馆等展馆内，也有珍贵的明朝文物展出。南京博物院经常举办不同主题的展览，实时信息变化较大，建议参观前去官网查询具体展出信息。

离开南京博物院，在明故宫站乘坐地铁2号线，在马群站下车，并乘坐205路在明文化村站下车，便可到达明文化村·阳山碑材。明文化村的建筑采取明代建筑风格，在其街道上，布满了颇具明朝风格的店铺，有吉祥赌坊、当铺、镖局、茶楼等，还原了当时军工们的生活场景。明文化村内每天都会滚动上演各种情景剧，杂耍、舞狮、劫镖车、赐御婚，让人仿佛重新置身于明代的市井生活当中。阳山碑材又名孝陵碑材，是明成祖朱棣为颂扬其父朱元璋功德而凿的。碑材分碑座、碑身和碑额三块，如果将它们拼合后竖立起来，总高度可达78米，堪称绝世碑材，但这一绝世碑材最终未被使用，依然留存在原地。

美食与住宿：

江南贡院位于夫子庙景区内，这里的传统小吃店鳞次栉比，不仅是品尝秦淮小吃的集中地，更是一处展现南京民情风俗的最佳历史街区。如果想要尝尝“秦淮八绝”，那么推荐位于贡院街122号的永和园，还有位于贡院西街的莲湖糕团店。从紫金山下山后，在紫金山天文台附近的锁金村，即靠近南师大紫金校区，可以找到一家金源鸭血粉丝店。

游玩阳山碑材大约需要三个小时，可以选择之后在阳山碑材站乘坐汤山旅游专线环一线，在历史文化中心站下车，到达南京汤山温泉度假区，这里有多家温泉酒店，能提供特色的温泉住宿服务。

4. 故都记忆——民国建筑游

【概述】

作为民国首都，南京拥有大量的民国文化遗产，其中，精美独特的民国建筑就是最为典型的文化遗产见证。

1912年1月1日，随着民主革命先驱者孙中山先生在这里就任中华民国临时大总统，南京民国建筑的历史也拉开了帷幕。中华民国国民政府于1927年迁都南京，同年成立了“首都建设委员会”，并且聘请美国设计师古力治和墨菲为设计顾问制订了《首都计划》，国内外优秀的建筑师们在南京打造了一大批中西合璧、造型独特的民国建筑，在中国乃至世界建筑史上留下了非常珍贵的一笔。可以说，南京近现代建筑的发展历程正是我国近代建筑史的缩影。

南京民国建筑是指民国时期(1912—1949)包括官方和民间私人在南京兴建的各类建筑的总称。根据最新的统计，南京现存的民国建筑共有1 000多处，占地面积达到900万平方米，其中具有代表性的民国建筑共有200多处。南京民国建筑无论从现存面积还是数量上都是全国首屈一指的，南京也因此被大家形象地称为“民国建筑的大本营”。南京城里林林总总的民国建筑，代表着从民国时期到现在的民风习俗和审美情趣，它们记录着城市的形态，见证着城市的发展，更是城市的灵魂。

漫步南京，民国建筑风貌犹存，增添了几分岁月风霜，故都的脉搏仍在每一寸土地下、每一方屋顶上跳动着，这就是故都记忆，是一本写满故事的书。

【Introduction】

Known as the capital of Republic of China (1912—1949), Nanjing owns a large amount of cultural heritages, among those represented by its architecture.

The era of the architecture of Republic of China came on Jan 1st, 1912, the day Sun Yat-sen took the oath of office as the temporary president. In 1927, Nanjing was found as the capital of Republic of China and Capital Construction Commission was set up at the same time. A large quantity of excellent architects both home and abroad including American architect and designer Henry Killam Murphy(1877—1954) and Ernest P. Goodrich (1874—1955) built up numerous unique architectures of Chinese traditional styles in harmonious with the western ones, which still glows in the Chinese and World history of architecture. As a famous saying goes, "The architecture of Xi'an represents the culture of Sui and Tang Dynasties, while Beijing, Ming and Qing Dynasties. Nanjing's architecture stands for Republic of China." In other words, the modern development of Nanjing architecture is just the epitome of the history of Chinese modern architecture.

The architecture of Nanjing Republic of China generally refers to various types of architecture built by official and common citizens during the Republic of China, which covers more than 900 square meters. They stand out among those all over China with the acreage and quantity, which has brought Nanjing the "Supreme Headquarters" of the architecture of Republic of China and became the soul of the whole city, witnessing the development and achievements of architecture art.

According to the latest statistics, the existing buildings the Republic of China remained today in Nanjing have been more than one thousand, covering the area of nine million square meters. These buildings represent the traditional conventions evolved in Nanjing since the beginning period time of the Republic of China. Various architectural styles in this period embodied with imperial, historical and artistic value.

The architecture in Nanjing still remains with the baptism of time and history. The pulse is beating under every acre of land and in every piece of brick, telling the stories and memories in the past.

【线路推荐】

1. 民国故都遗迹游览线路 浦口火车站——中山码头——汪精卫公馆——

马歇尔公馆——宋子文公馆——总统府——梅园新村纪念馆——中山陵——美龄宫——孙科公馆——国民革命军阵亡将士公墓

2. 民国公馆民居建筑游览线路 傅厚岗(李宗仁公馆、傅抱石故居、徐悲鸿故居)——颐和路公馆区——梅园新村(周恩来、董必武旧居)

3. 民国建筑科教游览线路 原国立中央大学(现东南大学四牌楼校区)——原国立中央图书馆——原国立中央研究院——原金陵大学(现南京大学鼓楼校区)——原金陵女子大学(现南京师范大学随园校区)——原中央博物院(现南京博物院)——紫金山天文台

4. 民国建筑宗教游览线路 基督教圣保罗堂——太平路清真寺——石鼓路天主教堂——基督教莫愁路堂——基督教道胜堂

5. 民国建筑艺术游览线路 童寯故居——杨廷宝故居——徐悲鸿故居——傅抱石故居——大华大戏院——原国立美术陈列馆(现江苏省美术馆)——南京1912街区——原中央博物院(现南京博物院)

【线路详览】

民国故都遗迹游览线路

简介:南京作为曾经的民国首都,同时也是襟江带河、钟灵毓秀之地,许多民国时期重要的人物在这里生活过,还有许多重要的历史事件在这里发生,南京城为那一代人留下了抹不去的记忆。在这条游览线路中,安排了民国时期一些重要历史人物的故居公馆,以及重要历史事件发生地,以通过此线路加深对故都南京的了解,同时为缅怀那些为中华民族独立做出牺牲的先辈,在此条线路中还加入了中山陵和国民革命军阵亡将士公墓等景点。

交通:"宁浦线"轮渡、公交302路、地铁2号线

线路安排:浦口火车站——中山码头——汪精卫公馆——马歇尔公馆——宋子文公馆——总统府——梅园新村纪念馆——中山陵——美龄宫——孙科公馆——国民革命军阵亡将士公墓

此条线路起始于浦口火车站(1985年更名南京北站),它和中山码头同为民国时期的公共交通建筑,不仅与民国时期百姓生活息息相关,也与特定历史事件和民国时期风云人物生平相关,具有较高的历史价值。南京北站,即当年津浦铁路的终起点,孙中山的灵柩运达南京、人民解放军发起的渡江战役、朱自清《背影》中的镜

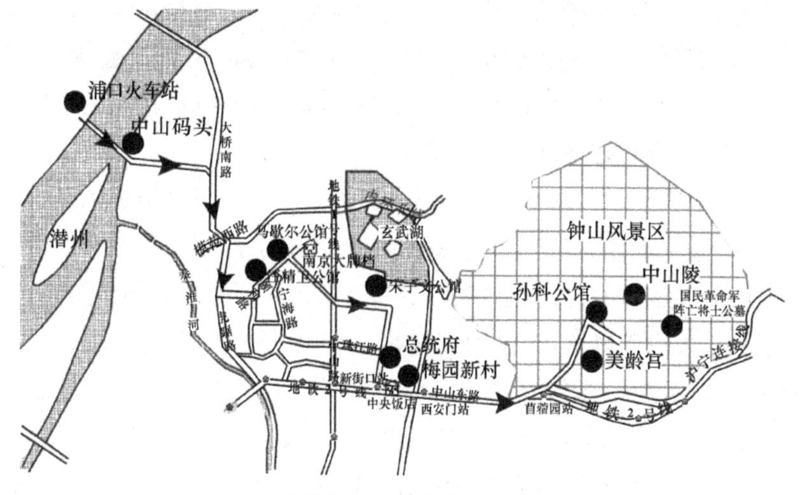

民国故都遗迹游览线路图

头皆发生于此，民国历史底蕴深厚；中山码头，南京当局为保障孙中山先生奉安大典的顺利，在下关江边建设码头以迎接先生灵柩，为纪念孙中山先生，灵柩所到之处均被冠以“中山”之名。现中山码头常年开通有驶往对岸浦口码头的“宁浦线”轮渡，其候船大厅内还有大幅宣传版面，轮渡早 5:00 至晚 23:00 每 20 分钟一班，航程约 15 分钟，单程票价 2 元，使用南京“金陵通”公交卡的话，则还可享受 1 元票价优惠。

在中山码头乘坐 302 路到江苏省委站下，便抵达以民国建筑著称的颐和路历史街区，这里坐落着民国时期达官贵人的花园洋房，有着浓郁的中西合璧的民国建筑特色，这里主要推荐位于宁海路 5 号的马歇尔公馆、颐和路 8 号的阎锡山公馆、颐和路 38 号的汪精卫公馆，它们保存较为完整。沿山西路可抵达湖南路，这里有著名的狮子桥美食街，可以选择到南京大牌档享受地道的南京佳肴。

接下来的行程安排是民国四大家族之一“宋氏”宋子文的公馆旧址，它位于北极阁 1 号，从鼓楼地铁站出发步行可至。宋子文公馆，原为宋子文在南京的寓所，由著名的建筑大师杨廷宝设计，因其独特的屋顶建筑工艺，被俗称为“茅草屋”，富有浓郁的西方情调。同时它也见证了“西安事变”的起承转合。西安事变后，张学良护送蒋介石、宋美龄、宋子文一行返回南京，一下飞机，蒋即背信弃义，囚禁张学良于宋子文公馆处，该楼现被称为“囚张楼”。

从鼓楼站乘坐公交 201 路至总统府站下，可至总统府和梅园新村纪念馆。总统府位于南京长江路 292 号，现在已成为中国最大的近代史博物馆。总统府同时也是一座历经六百多年沧桑的古建筑群，其间既有中式大屋顶建筑和四合院，又有西式平房和楼房；既有中国传统的中轴线主建筑的格局，又有逶迤弯曲的西式长廊。总统府内随处可见高耸的圆柱，雅致的雕饰，深邃的回廊，精巧的拱门，充分表现欧洲文艺复兴时期巴洛克式之建筑特色。

中共代表团梅园新村纪念馆，位于长江路东端的梅园新村街道两侧，由中共代表团办事处旧址、国共南京谈判史料陈列馆、周恩来铜像、周恩来图书馆等组成，属于近现代历史遗迹及革命纪念建筑物。其所在的梅园新村历史街区是民国时期住宅区，经过多年保护和规划，现占地面积达 5.39 公顷，存 33 幢民国建筑，多为二层，砖混结构，青砖墙面，多折屋顶。

离开梅园新村，在西安门站乘坐地铁 2 号线，在苜蓿园站下车，再乘坐 201 路可至中山陵风景区。中山陵素有“中国近代建筑史上第一陵”之称。中山陵建筑群由吕彦直设计，在建筑风格上呈现出鲜明的“中西合璧”特色，西式的大穹顶与中式的庑殿顶和牌坊构成了独特的建筑形式，既有传统建筑之大气而不失精美，又有西方建筑之厚重而不失简洁。

美龄宫同样位于钟山风景区内，位于四方城以东的小红山上，故又称“小红山官邸”。美龄宫是一座依山而筑的中西合璧式建筑，四周花木扶疏，郁郁葱葱，占地 120 亩，由正屋、门楼、警卫室、汽车间及花园等多个部分组成。

孙科公馆旧址为孙科在中山陵 8 号的住所，又称延晖馆，今为南京军区东苑宾馆。该建筑建于 1948 年，由杨廷宝设计，采用钢筋混凝土结构和西方现代派建筑风格，平面呈不规则的多边形，也有观点认为其设计受到了美国建筑师弗兰克·劳埃德·赖特有机建筑理念的影响，如客厅采用玻璃砖墙面，以获得明亮柔和的自然光线，屋顶设蓄水池，通过收集雨水保温隔热和防护屋面。

南京国民革命军阵亡将士公墓是民国时期的国殇墓园，于 1931 年至 1935 年间建于灵谷寺旧址上，坐落在南京东郊紫金山南麓东侧，西邻中山陵，建筑以墓门、牌坊、祭堂、第一公墓、纪念馆、纪念塔等建筑构成南北 1 000 米长的中轴线，两边对称分列第二公墓和第三公墓，葬有 1 029 名国民革命阵亡官兵，多数是在北伐及淞沪抗战中牺牲的将士。其中尤以祭堂(无梁殿)的建筑造诣最高。无梁殿原名“无量殿”，因殿内供奉有无量寿佛而得名，为砖石拱券结构，无梁，故俗称“无梁殿”，是我国历史最悠久、规模最大的砖砌拱券结构殿宇。祭堂内四周内壁上嵌有 110 块黑色大理石碑，是中国历史上规模最大的阵亡者名录碑刻。

美食与住宿：

中央饭店背靠总统府，极尽地利优势，曾是国民党政治活动的重要场所，蒋介石与宋美龄经常在这里宴请宾客，谋划国策。历经了近一个世纪风雨洗礼的中央饭店，曾接待过无数风云人物，如今仍保留着当年的独特风貌，今天的中央饭店已成为港台同胞和海外侨胞寻根之旅的重要场所。

位于湖南路狮子桥的南京大牌档，是一家代表南京特色的主题饭店，是南京人展示独特菜系的餐饮品牌。店内布置别具一格，20余间各款江南小阁、随处可见的楹联灯幌和穿梭于桌台间的古装堂倌，充溢着中华传统民俗风情，气韵古雅，这里再现了清末民初茶楼酒肆之旧貌。置身其中，恍如回到了清末民初的酒楼茶馆、街巷市井，可以使游客在品尝美味的同时又体验了南京当年的市井文化。

民国公馆民居建筑游览线路

简介：国民政府的首都发展规划《首都计划》，对南京城内的建筑功能分区布局都做出了详尽的规划：傅厚岗地区是民国《首都计划》中重要的行政区，社区内有民国建筑23处，众多文化名人都曾在此生活；颐和路作为民国时期党政军要员、富豪、外国人的上层住宅区和公使馆区，保存了大量完整而富有民国风格的建筑群；而素有“半部南京史”之称的长江路作为民国时期的中央政治区，更是汇集了总统府、梅园新村等著名景点。

交通：乘地铁1号线至玄武门站下

线路安排：傅厚岗（李宗仁公馆、傅抱石故居、徐悲鸿故居）——颐和路公馆区——梅园新村（周恩来、董必武旧居）

从玄武门地铁站出站后沿中央路南行，左转进入傅厚岗。民国时期达官贵人多将府第建置于傅厚岗，遂使这里豪宅林立。傅厚岗地区是民国《首都计划》中重要的行政区，社区内有民国外交部、立法院、李宗仁公馆、八路军驻京办事处、吴贻芳公馆等民国建筑23处；文化名人徐悲鸿、傅抱石、林散之、钱松岩、匡亚明、武中奇、高马得曾在社区内工作生活过。一代艺术大师徐悲鸿的私宅坐落于现傅厚岗4号，已被辟为“徐悲鸿艺术纪念馆”南京分馆对外开放。傅抱石故居位于傅厚岗6号，始建于1948年，是一代画坛宗师傅抱石先生一家在南京定居后的长期住所，于2009年曾进行为期半年的修缮。现一楼客厅和二楼画室“南石斋”为复原陈列，其他房间则用于展出傅抱石各个时期的照片和部分画稿，另在其西侧建有陈列室，展出其生平、理论著作、画集、印谱。李宗仁公馆位于傅厚岗30号，原68号，是时任

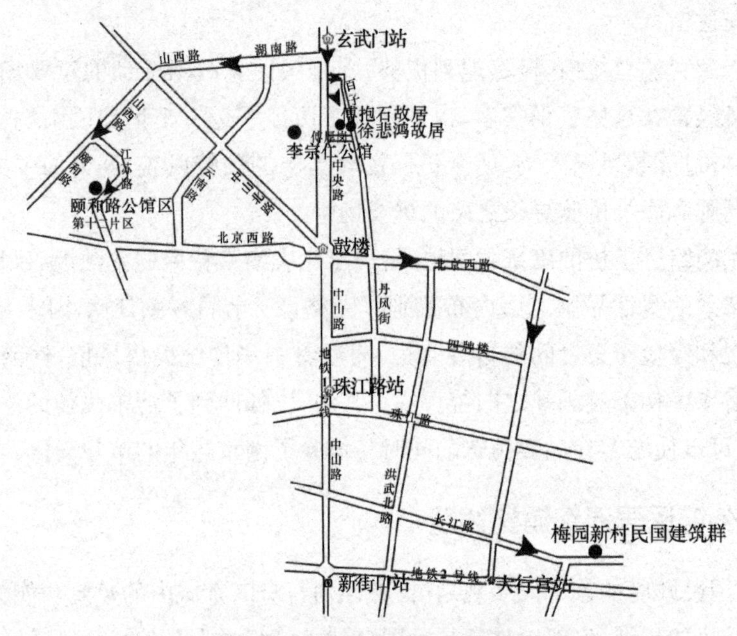

民国公馆民居建筑游览线路图

国民政府副总统、代总统的李宗仁居所，李宗仁公馆整个宅院坐北朝南，院内松木蔽日，花草茂盛，水池假山，精巧别致。公馆主楼为西式带阁楼的三层楼房，并建有地下室。目前李宗仁公馆为江苏省省级机关第一幼儿园用房。

从傅厚岗步行至玄武湖公园站，乘坐3路外环公交，在江苏路站下车即至颐和路公馆区。颐和路公馆区，东依宁海路、江苏路，西接西康路，南起北京西路，北至宁夏路，是南京民国时期政要居所集中所在，已被南京市政府规划为“南京近现代建筑风貌区”。我们可以步行参观颐和路、珞珈路、江苏路道路两旁的国民政府政要故居，至今完好保存的还有200多栋，其中著名的有马歇尔公馆旧址、汪精卫公馆旧址、美国驻中华民国大使馆旧址等。这一区域的民国别墅群，由于存续的历史时期一致、用途接近，呈现出了强烈的整体一致性，被誉为“民国官府区”“使馆区”“近现代建筑样板区”。颐和路十二片区于2014年正式对外开放，市民不仅可以尽情观赏民国建筑，还可以在民国文化体验酒店享受下午茶、吃秦淮小吃。

在江苏路站乘坐3路外环到大行宫北站下车，抵达梅园新村民国建筑群。该居住片区内的民国建筑风格多样、建筑类型齐全、总体布局自由而有序，主要由梅园、雍园、桃园三个近现代风貌区组成，梅园新村是上世纪20年代至40年代末形成的民国政府官员中高档住宅区，以独院式别墅为主要特色，与风格、色彩、样式千变万化的颐和路公馆不同，梅园新村的民国建筑有着清一色的青砖墙面，楼房的设计风格也比较一致，多为两层带庭院的独栋小楼，现存33幢砖混结构的民国建筑。这里主要推荐梅园新村17号、30号、35号建筑，它们是以周恩来为首的中共代表团办事处原址，周恩来、邓颖超、董必武等曾在此办公和居住。

美食与餐饮：

从傅厚岗到颐和路，将经过一条著名的美食街——湖南路狮子桥，这里的餐饮种类中西兼备，有精致的餐点，也有简而不俗的风味小吃，想必你可以在此大快朵颐。

游览完梅园新村，你也可以前往附近的1912历史街区，徜徉在文艺静谧的民国街道上，品味下午茶，都是闹市中取静的绝佳选择。

民国建筑科教游览线路

简介：南京曾汇集有众多知名高校，其中尤以国立中央大学最令人瞩目。岁月流转中，得以存续下来的不仅是它们具有人文关怀的学风，更有那些建于民国时期的大量风格迥异的建筑。南京民国文教区包括鼓楼区清凉山至玄武区四牌楼一带，现有学校南京大学、东南大学和南京师范大学，布局、建筑单体保存情况尚好。此条线路以民国时期的科教重地为线索，带领你一览民国著名高等学府景点、中央科研机构景点，以及民国博物馆等具有较高艺术价值的民国建筑。

交通：乘地铁1号线至珠江路站下；或乘地铁3号线至浮桥站下

线路安排：原国立中央大学（现东南大学四牌楼校区）——原国立中央图书馆——原国立中央研究院——原金陵大学（现南京大学鼓楼校区）——原金陵女子大学（现南京师范大学随园校区）——原中央博物院（现南京博物院）——紫金山天文台

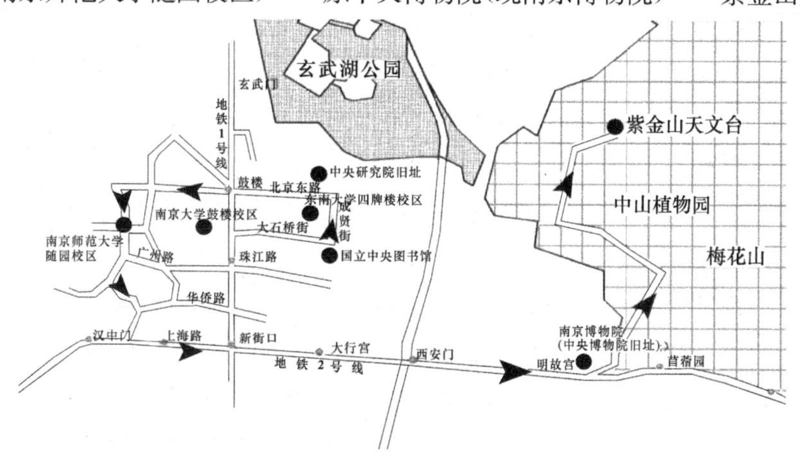

民国建筑科教游线路图

通常来说拥有深厚文化底蕴的城市必定是重视教育和文化的，高校和博物馆等场所往往得以享有最好的建筑资源和配套设施。这条科教游览线路中包含了民国时期4所重点高校、中央博物院和2所科研机构。民国时期，正值中西文化激烈碰撞的时期，国内许多建筑大师远赴大洋彼岸进行深造，回国后首先希望造福于学生，所以那时的高校建筑中西合璧，十分精美，充分体现了民国的时代特征。

此条线路起始于成贤街，这里正是民国时期国立中央大学的旧址所在地，现为东南大学四牌楼校区，目前仍保留了大量民国建筑。原国立中央大学由中国人创办，受到西方建筑史上折中主义复古思潮的影响，用西洋古典式样的建筑外壳包装具有现代特点的内部空间，以此来显示悠久的历史和雄厚的经济实力，这种建筑风格淋漓尽致地体现在校园的标志性建筑——大礼堂上，它与苍翠的悬铃木和灵动的喷泉组合在一起，构成了一幅极具美感的视觉画面。

原国立中央图书馆，是南京图书馆的一个源头。走在成贤街上，你会在66号发现一座建于抗战胜利后的三层阅览室，它便是原国立中央图书馆的旧址，这也是中央图书馆保存至今的唯一建筑。金庸、郑振铎、钱钟书等文学大家都曾在此工作或勤工俭学，如今这里已被列为民国建筑保护单位。

向北走出成贤街，左转进入北京东路，我们将前往位于北京东路39号的中央研究院旧址（现中国科学院南京分院、江苏省科技厅所在地）。1993年，中央研究院建筑群被列为南京市文物保护单位，其中最具特色的是总办事处大楼，它坐北朝南，是一座仿明清宫殿式的建筑，建于1947年，由基泰工程司杨廷宝建筑师设计。大楼高3层，建筑面积3 000平方米，钢筋混凝土结构，单檐歇山顶，屋面覆盖绿色琉璃筒瓦，梁枋和檐口部分均仿木结构，漆以彩绘，清水砖墙，花格门窗，建筑外形具有浓郁的民族风格。

沿北京东路继续西行可至原金陵大学（现南京大学），其建筑风格主要以中国北方官式建筑为基调，在每栋建筑物之间都有几何形状的绿地和广场，其建筑布局与美国的大学相似，充分体现了中西文化上的交融和碰撞。这里主要推荐几处风格各异的建筑，有著名作家赛珍珠故居和孙中山居所“中山楼”，它们保存状况良好，并对外开放。

位于宁海路122号的南京师范大学随园校区，其旧址为清朝著名文人袁枚的私人园林随园所在地，后由美国基督教会、长老会、英国伦敦会等7个教会在此创办了原金陵女子大学（现南京师范大学）。整个校园建筑充分利用自然地形，整个布局工整，建筑物之间由中国古典风的外廊连接，这座饱含中西合璧建筑群的校园

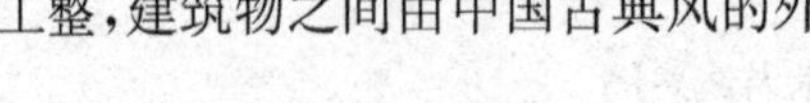

被称为“东方最美丽的校园”。

在上海站乘坐地铁2号线在明故宫站下，沿中山东路东行可至南京博物院，即原国立中央博物院。南京博物院有珍宝馆、玉器馆、青铜馆、明清瓷器馆、书画馆、织绣馆等11个专题陈列馆，收藏有各类展品42万件，其中国家级文物和国家一级文物2 000件以上，都是全国独有的罕见品，科学价值高，具有很强的科普功能。2013年扩建后重新开放的南京博物院，下设特展馆、江苏古代文明馆、艺术馆、非遗馆、民国馆和教学馆六个展馆，共30个展厅。其民国馆采用了全新的互动模式设计，让观众走在民国的旧街上，体会上世纪30年代南京的各种风土人情。游客能看到门前停着的黄包车、民国老邮局和站台上停着真火车头的南京火车站。整条民国老街上还有民国时期的理发店、中药铺、书店、银楼等，都是上世纪初的装修风格。

走出南京博物院，在卫桥站乘坐20路或315路公交，到白马公园站下，可步行至中国科学院紫金山天文台。紫金山天文台，是中国建立的第一个现代天文学研究机构，被誉为“中国现代天文学的摇篮”。紫金山天文台不仅因其在中国天文事业建立与发展中做出的特殊贡献而闻名于世，它的建筑同样具备了民国时期建筑工艺的独特美感。它由我国天体物理学家、第一任台长余青松亲自勘测设计并主持施工，整体建筑按轴线对称布置，中轴大台阶经民族形式牌楼直达庞大圆顶观象台。各级平台均设民族形式栏杆，建筑外墙采用就地开采的毛石砌筑，与环境浑然一体，庄重朴实。天文台的兴建在当时极受重视，主要建筑的奠基碑文分别由蔡元培、汪精卫、戴季陶、于右任题写。“天文台”牌坊横额为林森题书，至今保存完好。该处于1991年被国家建设部、国家文物局评为近代优秀建筑。

美食与住宿：

旅程的前半段围绕着民国科教区展开，这里既是南京最具人文气质的街区，同样也是市井文化氛围颇为浓厚的地段，你可以一边感受着各大高校的不同风格，一边在路边发现特色书店和小吃店，相信你可以不虚此行。这里推荐南京大学和南京师范大学之间的上海路，以及东南大学西侧进香河路与珠江路交会地带。

露营烧烤：此条线路的终点接近中山陵风景区，因此可以在此安排一次露营活动。烧烤的地点设定为钟山景区内流徽榭旁的空地。流徽榭也是景区内一个景色优美的景点，它三面临水，一面傍陆，旁边有一片空旷的草坪（即露营活动的地点），草坪四周绿树环绕，把空地与公路隔开，具有良好的隐蔽性，不会为外界所打扰，整体环境安静优美。

民国建筑宗教游览线路

简介：民国时期的南京，在特殊的历史背景下，形成了较为宽松的文化与学术环境，这种对各国文化兼容并济的个性，吸引了各国友人来宁定居。他们在南京留下了学习和生活的痕迹，也留下了精神信仰的印迹，这便体现在南京的民国宗教建筑上，它们弥足珍贵的历史文化价值，使得它们成为南京大街小巷中独特的风景线。这条线路安排了基督教圣公会教堂、天主教教堂和清真寺不同的宗教建筑，游客可以通过这一条线路感受到宗教的独特魅力和宗教建筑的匠心独运。

交通：乘地铁1号线至张府园站下

线路安排：基督教圣保罗堂——太平路清真寺——石鼓路天主教堂——基督教莫愁路堂——基督教道胜堂

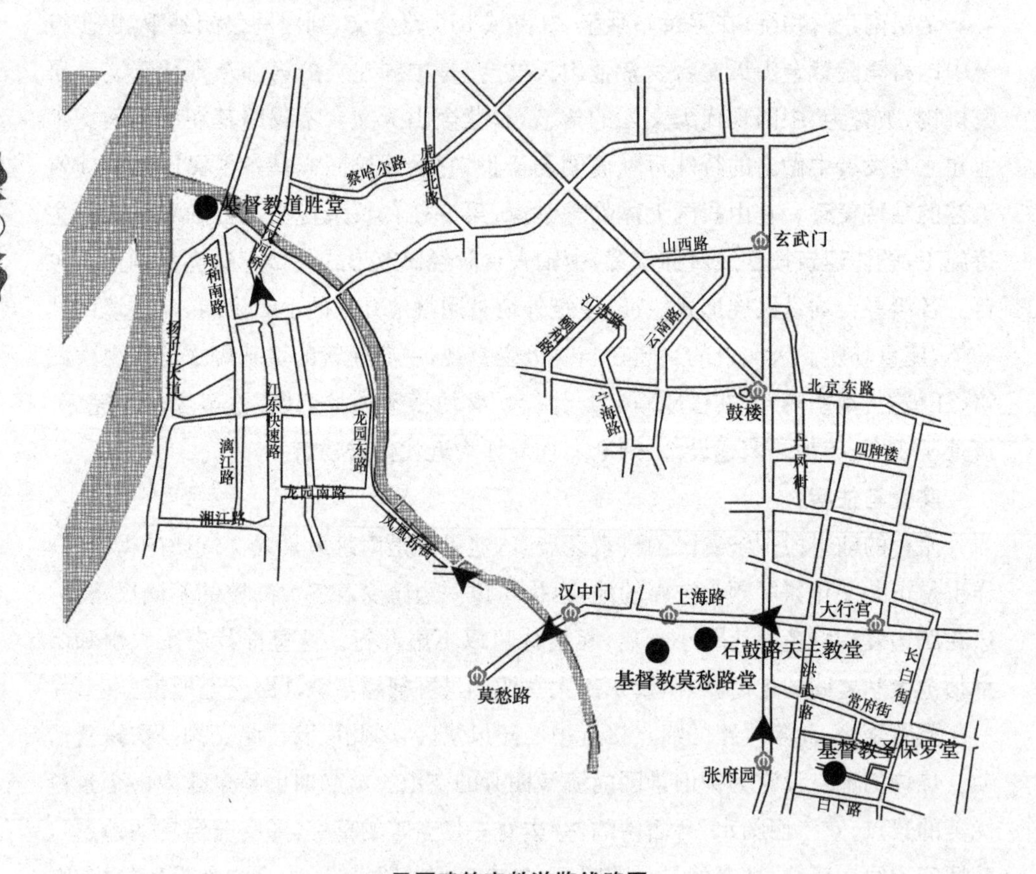

民国建筑宗教游览线路图

从位于中山南路的张府园站步行至白下路，向东行可至基督教圣保罗堂。圣保罗堂位于太平南路 396 号，是南京现存最早的基督教圣公会礼拜堂之一，现为南京市文物保护单位。教堂由金陵大学的建筑师齐兆昌设计监造，陈明记营造厂承建。圣保罗教堂是一座朴素典雅的欧洲乡村式小教堂，由圣殿(又称大礼拜堂)、钟楼、神职人员宿舍和膳房组成，建筑面积约 800 平方米。圣殿的所有窗台、门套以及钟楼的垛堞、封顶，全部采用经过精制磨光的镇江高资白矾石砌筑而成；殿内的读经台、讲坛、洗礼池、圣坛、栏杆和望柱等也是采用同样的白石砌筑。目前该教堂每周六都会做礼拜，每年的圣诞节更是有丰富的节目。

从基督教圣保罗堂出来，沿太平南路向北走，可抵达太平路清真寺。清真寺所在的东到中山南路、西止莫愁路、南到升州路、北至建邺路的一片区域曾经是南京历史上最繁华的地段之一，宗教、民族、商品与市井生活在这里交汇，展现了南京历史上作为商埠通衢的热闹景象。该寺自 1911 年以来，长期为南京及全国性伊斯兰教团体的所在地。太平路清真寺在建筑布局上采用了中国传统的四合院制度，在建筑风格上采用了中国传统的木构架形式，而在建筑功能上则具有伊斯兰教建筑的典型特征。大殿建筑面积 189 平方米，其建筑质量和工艺的精致，在南京各清真寺中属第一流。

从太平路清真寺步行到杨公井站，乘坐 306 路，在王府大街站下车步行可至石鼓路天主教堂。石鼓路天主堂位于石鼓路 112 号，建成于清同治九年(1870)。1930 年代以后，这里一直是天主教南京教区的主教座堂。现为江苏省省级文物保护单位，并入选中国著名教堂。石鼓路天主教堂最早是由意大利传教士利玛窦创建的，建筑外观厚实，体形简洁，平面为正统拉丁十字形，属欧洲早期修道院形式，在结构上采用四分拱顶、拱券肋、集束柱，是南京仅存的一座“罗曼式”建筑。

从石鼓路天主教堂向西南步行约 400 余米，抵达基督教莫愁路堂。莫愁路堂位于莫愁路 390 号，原名“汉中堂”，于 1936 年 5 月始建，1938 年落成。教堂面积为 500 多平方米，可容纳 1 200 人礼拜。冯玉祥将军在奠基石上题词(今仍留在墙角)。主堂坐东朝西，是一座典型的英式建筑。它的设计和构造在局部很是精细，尤其是高耸的钟塔入口及侧窗的尖顶很是醒目。整个建筑的平面呈十字架形，砖木结构，穹隆顶，屋顶上覆以方形水泥平瓦，外墙用青砖，清水勾缝。屋脊高约 11 米，呈横卧的空“士”字形。堂西北角有高约 15 米与堂连体的 4 层钟楼。殿内有 8 根人字形柱，木结构屋架由两侧向中央逐级出挑，并逐级升高，每级下面有一个圆弧形撑托和一个下垂的装饰物。这种建筑结构称为“锤式屋架”，属于英国 16 世纪都铎王朝的建筑风格。

从基督教莫愁路堂步行至汉中路莫愁路站，乘坐 18 路，在江东北路三汊河站下车，步行到达此行的最后一站——基督教道胜堂。道胜堂原址位于鼓楼区中山北路 408 号(今南京市第十二中学)，由美国圣公会差会创建于 1915 年，意为“以道胜世”。它是基督教圣公会传教、礼拜之所，属于中华圣公会江苏教区。美国传教士约翰·马吉曾在此居住过，他在南京大屠杀期间用摄影机拍摄了侵华日军暴行的画面，后来成为国际远东军事法庭审判日本战犯的重要证据，他本人也出庭作证。1995 年，美籍华裔女作家张纯如为了撰写《南京浩劫：被遗忘的大屠杀》一书，来南京实地调查取证。她来到道胜堂，拍摄了约翰·马吉曾经居住过的房屋。道胜堂保存下来的建筑有四幢，均为中西合璧式，外部是典型的民族风格，内部为西式装饰，现存建筑有歇山顶和攒尖顶两种，建筑物均为砖木结构，筒瓦屋面，檐下彩绘。1992 年，道胜堂旧址被列为南京市文物保护单位。2009 年，道胜堂移址三汊河高古村复建，总建筑面积约 300 平方米，可容纳 1 000 多人聚会。2014 年对外开放。

美食与住宿：

在此条线路中特别推荐两家老字号清真餐馆，即安乐园菜馆和马祥兴菜馆。安乐园菜馆始建于 1920 年，是南京颇负盛名的五大清真老字号之一，与“六华春”“大三元”等老字号齐名，位于现秦淮区王府大街 138 号(近莫愁路)。马祥兴菜馆创建于 1845 年，至今已 160 余载。它是南京餐馆中历史最悠久的店家，也是南京菜清真风味的正宗代表，民国时期李宗仁、白崇禧、孔祥熙、邵力子、居正等无不在此闻香下马，大宴宾客，现位于鼓楼区云南北路 32 号。

民国建筑艺术游览线路

简介：上世纪二三十年代，南京汇集了当时一批优秀的中外建筑师，进行了大量建筑创作活动，留下了风格各异、中西合璧的民国建筑。南京作为民国首都，中央级建筑多，规模、等级均属当时全国甚至东亚之最。本条线路为艺术爱好者设计了一条充满民国艺术氛围的旅游线路，安排了民国时期的著名建筑师和美术家的故居景点；同时，也安排了民国时期的艺术设施，如电影院、美术馆、博物馆等公共建筑，带领你重温一段民国时光。

交通：乘地铁 2 号线或地铁 3 号线至大行宫站下

线路安排：童寯故居——杨廷宝故居——徐悲鸿故居——傅抱石故居——大

华大戏院——原国立美术陈列馆(现江苏省美术馆)——南京 1912 街区——原中央博物院(现南京博物院)

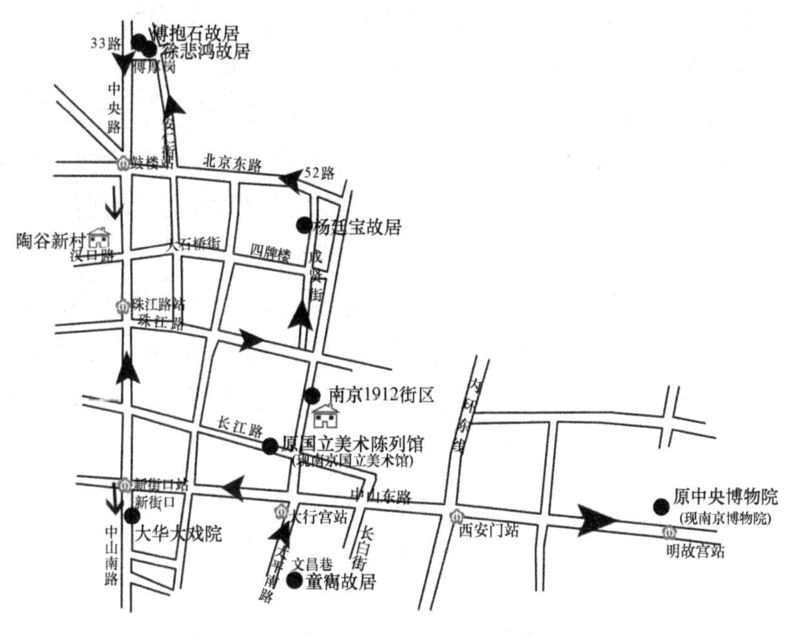

民国建筑艺术游览线路图

现今享有盛誉的东南大学建筑学院前身为国立中央大学建筑系。它创立于 1927 年,是中国现代建筑学科的重要发源地之一。中国著名建筑教育先驱刘福泰、鲍鼎、卢树森等先后执掌建筑系,著名建筑家杨廷宝、刘敦桢、童寯等长期在该系任教和主持工作。此行的前两站正是拜访与东南大学有着不解之缘的两位建筑大师的故居。

童寯先生是我国现代杰出的建筑大师、建筑教育家和建筑画家,与吕彦直、杨廷宝、梁思成、刘敦桢并称"建筑五宗师"。童寯故居位于秦淮区文昌巷 52 号,西靠太平路,北接大行宫,乘坐地铁 2 号线至大行宫站下步行可至。童寯故居是其本人于 1947 年自行设计建造的,故居宅院共占地 414 平方米,主体为红瓦红墙的两层小楼,混搭中式古典与西式风格,位于院内西南部,建筑面积 133 平方米。整个建筑典雅简洁,经济实用,设计精巧,现为童寯家属及后人居住。与其他大门紧闭的故居不同,守护童寯故居已达 50 多年的童寯次子童林夙与其妻子詹宏英老人对于上门要求参观的游客还是很热情,但也希望游客们尽量不要打扰到两位老人的日常生活。

下一站将前往东南大学四牌楼校区,这里是民国时期国立中央大学的旧址,也是多位建筑大师曾经工作和生活过的地方。漫步在校园内的法桐林道下，一座座富有民国特色的建筑物掩映其间，是感受旧时光的好去处。走出东南大学东门，前往位于成贤街104号的杨廷宝旧居。旧居名曰“成贤小筑”，是杨廷宝先生亲自设计的，经过修缮后改建为杨廷宝故居陈列馆，供游人参观。

走出成贤小筑，在鸡鸣寺站乘坐52路公交车至傅厚岗站下，步行可至徐悲鸿故居和傅抱石故居。上世纪30年代初，徐悲鸿在国立中央大学任教。1931年，他买下了位于傅厚岗的两亩荒地，次年建造成一栋西式两层小楼，即现在位于傅厚岗4号的徐悲鸿旧居。目前，傅厚岗4号建筑已辟为“徐悲鸿艺术纪念馆”南京分馆对外开放。傅抱石故居位于傅厚岗6号，始建于1948年，是一代画坛宗师傅抱石先生一家在南京定居后的长期住所，现一楼客厅和二楼画室“南石斋”为复原陈列，其他房间则用于展出傅抱石各个时期的照片和部分画稿，另在其西侧建有陈列室，展出其生平、理论著作、画集、印谱。

走出傅厚岗，在鼓楼北站乘坐33路在新街口南站下车，步行至大华大戏院。这座坐落于繁华的新街口商业区的电影院有着80多年的历史，是南京著名的电影院和民国建筑杰作之一，始建于1934年，由著名建筑师杨廷宝先生设计，现为省级文物保护单位。大华大戏院兼具北方端庄大方的气派和南方灵巧秀丽的韵致，堪称早期民国建筑的杰作。

在地铁2号线大行宫站附近的江苏省美术馆，为原国立美术陈列馆，现位于长江路(原国府路)266号，东临碑亭巷，西临南京人民大会堂，是中国近现代第一座国家级美术馆，其建筑风格属于新民族主义形式。美术馆主楼与西侧的“国民大会堂”(今南京人民大会堂)一并设计，一同施工，这一相辅相成的建筑组群，代表着民国时期建筑的艺术水平。众多优秀的画家都曾来这里举办过画展，包括黄宾虹、徐悲鸿、潘天寿、朱屺瞻、傅抱石、李可染、刘海粟、石鲁、吴冠中等艺术大师。

同样位于长江路上的1912街区，是南京著名的仿民国建筑群，由二十几栋民国府衙式建筑及太平、博爱、共和、新世纪四大广场组成。在文化气息浓厚的南京，1912街区是一个有着独特魅力的地方，并已然成为南京的时尚名片。其古朴精巧、错落有致的民国建筑，以其古典与现代相融合的特点令人流连忘返。游客可以在此小憩用餐，一边品味浓郁的民国文艺氛围，一边为接下来的行程积蓄体力。

乘坐地铁2号线至明故宫站下可至原中央博物院旧址，即今天的南京博物院。博物院主体建筑为仿辽代宫殿式，由建筑师徐敬直设计，经建筑大师梁思成修改，于20世纪50年代初建成。整个大殿雄伟壮观，其结构部分按《营造法式》设计建造，细部和装饰兼采唐宋遗风，是近代建筑史上的杰作。

美食与住宿：

考虑到艺术爱好者与众不同的品味，用餐地点推荐陶谷新村和1912街区。陶谷新村是临近上海路的南京老居民区，该片区的小巷子里有很多西餐厅、咖啡厅和小酒吧，店内装饰都很有特色，整体环境幽雅、清新、轻松，艺术氛围浓厚，非常适合几个自助游者一边聊旅行趣闻，一边品尝美食。

5. 爱住金陵——名人故居游

【概述】

在漫长的岁月里,有无数历史名人曾流连于南京这片虎踞龙蟠之地。他们或是文坛上风流一时的才子,或是曾经叱咤疆场的将军,即便最终青史成灰,但建筑作为一种静止的语言,却将他们的身影永远地书写在了金陵,写进了大街小巷里的每一段墙、每一片青瓦里。

南京历史名人在全国乃至世界有影响的帝王将相、圣者鸿儒、仁人志士、文宗科魁、科学巨匠、高僧巨擘、名贾良医等有近 200 位,有地域性影响的名人不下千人,现存 248 处名人故居在分布上呈现出"集中分块"的特点。"集中"体现为集中坐落在中心城区,"分块"则表现为在中心城区的各个区域内,名人故居又因历史存续时期的联系多分块分布在玄武区傅厚岗、鼓楼区颐和路珞珈路、秦淮区长乐路周围 2 000 米内的地区。在区块内游览适宜选取步行、自行车、人力三轮车等慢速移动方式;在区块间游览则应采取较快移动方式,节省区块间转换的时间成本。以下线路让旅游者梦回往昔,与名人来一场无期而至的邂逅。

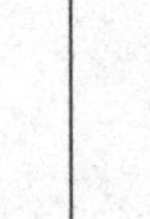

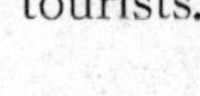【Introduction】

Known as the capital of Six Dynasties, Nanjing has a history of more than 2500 years. A great number of historical celebrities used to live in Nanjing for the landscape incorporate mountains, water, city and forestry. The building they once lived or worked in can provide a glimpse at the traces of their lives for tourists.

Nanjing became the fifth city that regularized the protection for the old architectures remained after Beijing, Tianjin, Qingdao and Shanghai in 2008,

indicating that the legal constraining towards the celebrity residences has strengthened. The celebrity residences in Nanjing now have the typical characteristic of "Partitioning Accumulation". Many of celebrity residences distributed in the areas of Fuhou Gang of Xuanwu District, Yihe Road and Luojia Road in Gulou District, Changle Road in Baixia District, etc. Traveling by walking, bicycles or jinrikisha in the districts are more recommended while faster-paced vehicles, better choices for those inter-districts traveling.

There are more than 200 nationally and worldwide famous Nanjing celebrities including emperors, scholars, scientists, eminent monks, businessmen and physicians, no less than thousands of which are regional well-known. However, only 11 among 248 celebrity residences are open to the public due to the immature tour production policies. The routes in the chapter are well-designed for tourists to visit the most fascinating celebrity residence in shortest time.

【线路推荐】

1. 老城南古宅大院游览线路 沈万三故居——蒋寿山故居——秦大士故居——王谢古居——李香君故居(媚香楼)——吴敬梓故居——瞻园——甘熙宅第

2. 清凉山古韵雅居游览线路 清凉山公园(扫叶楼、崇正书院)——乌龙潭公园——江宁织造博物馆

3. 民国名流旧居游览线路 总统府——梅园新村(周恩来、董必武旧居)——傅厚岗(李宗仁公馆、傅抱石故居)——颐和路公馆区

4. 民国文化名人故居游览线路 拉贝故居——何应钦公馆——赛珍珠故居——梅庵——杨廷宝故居

【线路详览】

老城南古宅大院游览线路

简介:六朝时,金陵豪门贵族的宅第多建在青溪和秦淮河交汇地,该处是城市的文化中心。经过一千多年的朝代更迭,老城南区域内更是分布了众多名人旧居。你可以从六朝旧居逛到明清古宅,重新感受历史的温度。此条线路上的名人故居沿长乐路和中华路分布,全程可步行或骑行。

交通:乘地铁 1 号线至中华门站下

线路安排:沈万三故居——蒋寿山故居——秦大士故居——王谢古居——李香君故居(媚香楼)——吴敬梓故居——瞻园——甘熙宅第

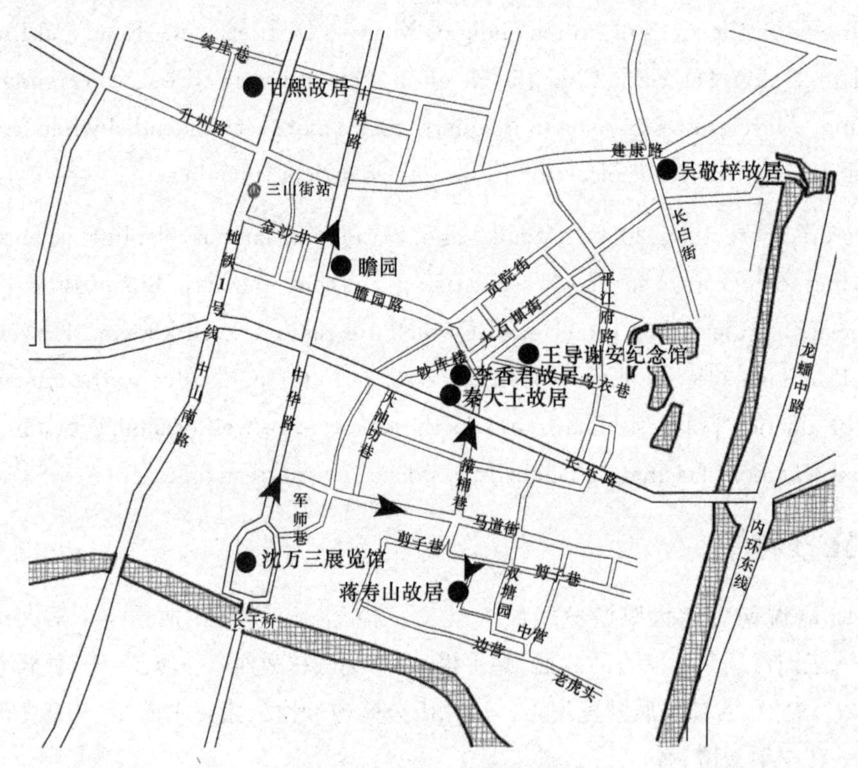

老城南古宅大院游览线路图

此条游览线路起始于中华门城堡附近的沈万三故居。沈万三是南京民间最具传奇色彩的人物。相传他定居金陵后,其财富之巨令当时的皇帝朱元璋惊惧,遂令其修筑明城墙,却仍未伤其元气,可见沈万三确实无愧于“江南巨富”的名号。沈万三又名沈秀,原籍浙江湖州,南京是其从事商业活动的主要地方。沈万三迁徙京师后,居住在马道街一带。今沈万三故居位于秦淮区马道街 5、7、9 号。沈万三故居在太平天国期间为赞王府。7 号院内尚存赞王府巨型石鼓一座、楠木大门和两进小楼。大厅为抬梁式结构,面阔四间,门砖雕刻精致,依稀可见当年巨富大宅的气派与华美。

由马道街进入箍桶巷,抵达此条线路的第二站——蒋寿山故居。它是晚清南京富商蒋寿山的故居之一,为集博物馆、故居园林、街区公园于一体的旅游景点。旧时南京有两个最富有的人,一个是沈万三,另一个就是蒋寿山,他甚至有着“蒋半城”的名号，可见其财力雄厚。蒋寿山在南京留有三处私宅，其中最具代表性的就是这处位于门东三条营18、20号的大宅。此处建筑院落完整，结构无损，是典型的江南徽派民间风格的建筑，也是南京晚清建筑群保存较好的一处，现为江苏省文物保护单位。

如果你对民居建筑很感兴趣，可以继续前往老门东历史街区。目前南京市政府已将东至双塘园（路）及现状街巷，西至上江考棚路，南至新民坊路，北至三条营及三条营古建筑（蒋寿山故居）的地段规划为三条营历史文化街区，旨在打造一条具有“明清范儿”的街区，重现江南民居和街道的传统风貌。

沿着箍桶巷向北行至长乐路，即来到位于此街57、61号的秦大士故居。秦大士故居原称“大夫第”，原为明崇祯皇帝于崇祯四年（1631）赐给大学士何如宠的宅第。故居数路多进，号称九十九间半。大厅、楼房，柱梁粗大，雕花精美，为清初建筑风格。秦家大宅为典型的江南徽派风格建筑，在老南京能被称为“九十九间半”的大宅中是有名的一处，在外部风格上与甘熙宅第相仿。

秦大士故居与接下来的几处故居遗存一样都坐落于夫子庙景区内，至此行程过半，你可以选择在这里享用著名的秦淮风味小吃，在漫步缓行中继续游览李香君故居和王谢古居。前者是“秦淮八艳”之一李香君的故居所在，内辟有秦淮八艳史料陈列馆。后者是六朝名士王导、谢安家族的居地。沿贡院街西行可至吴敬梓故居。故居位于青溪河与秦淮河交界处，毗邻古桃叶渡，名为“秦淮水亭”。

走出夫子庙景区，在中华路和瞻园路的交汇处坐落着素有“金陵第一园”之称的瞻园，现为太平天国历史博物馆所在地。这里原是明初功臣徐达的王府，后太平天国定都南京时，曾先后作为东王杨秀清府、夏官副丞相赖汉英衙署和幼西王萧有和府。

乘坐人力三轮车或骑自行车抵达中山南路甘熙宅第，参观甘熙宅第。甘熙宅第号称为“九十九间半”，实际有房间300多间。

美食与住宿：

在行程的中途会经过夫子庙景区，品尝居于中国四大名小吃之首的“秦淮小吃”想必会是你的不二选择；在行程的最后，当你抵达甘熙故居后，你也可以在这里品尝到特色美食——甘家小吃。

你可以选择在夫子庙景区内住宿，欣赏秦淮夜景，或者可以在中华路上寻觅到心仪的快捷酒店。

清凉山古韵雅居游览线路

简介：古城南京清凉山一带有着深厚的文化底蕴，至今仍保存了丰富的文化遗迹，是南京文化的重要组成部分。作为与“俗文化区”夫子庙相对的“雅文化区”，清凉山一带特有的文化氛围也吸引了不少文人墨客的驻足。此条线路行程以鼓楼区汉中路为轴线，以乌龙潭公园为中心，串联起一条走进名家故里的路线。

交通：乘地铁 2 号线至汉中门站下

线路安排：清凉山公园（扫叶楼、崇正书院）——乌龙潭公园——江宁织造博物馆

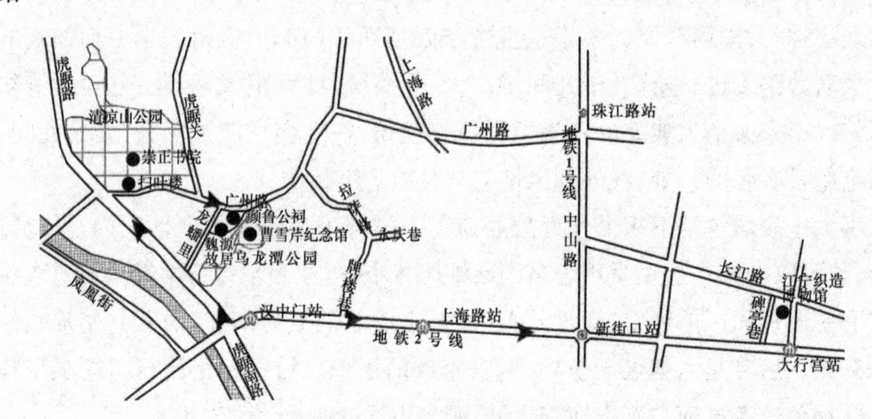

清凉山古韵雅居游览线路图

从汉中门地铁站乘坐 152 路或 109 路可直达清凉山公园。行程从清凉山公园开始，其名胜古迹主要有“驻马坡”“南唐古井”“清凉寺”“崇正书院”及“扫叶楼”等。扫叶楼为龚贤故居，因明末清初著名画家、“金陵八家”之首的龚贤居此而闻名。扫叶楼之名得自于龚贤所绘身着僧衣、持帚扫地的自画像，现为龚贤纪念馆，陈列有龚贤书画作品的复制品及与其有关的书籍。

崇正书院则是明朝著名学者耿定向在南京的旧居，同时也是其任职南京时为推崇正传儒学而创建的书院，目前是南京仅存的一处书院遗迹，现为“中华奇石馆”，陈列各地珍奇石头和书画作品及历史文物、工艺美术作品展览等。

从清凉山公园乘坐公交或者直接沿广州路步行，可以抵达此行的第二站——乌龙潭公园。乌龙潭公园位于鼓楼区清凉山东麓，素有“南京小西湖”之美誉，风景优美，亭台楼阁错落有致，花木扶疏，一派诗情画意，被誉为“西城之冠”。其历史可追溯至三国时期，千百年来，乌龙潭先后汇集了颜真卿、方苞、曹雪芹、魏源、吴敬

梓、袁枚等名师大家，现内有方苞家祠、魏源纪念馆和曹雪芹纪念馆。

唐代大书法家颜真卿任升州刺史时，在乌龙潭侧建有放生庵，后人为纪念他将之改为"颜鲁公祠"，它是全国唯一保存完好的祭祀颜真卿的祠庙遗迹。乌龙潭内的文人遗迹中最为著名的是曹织造园，曹雪芹幼年曾生活于此，后以此段生活经历，写下文学巨著《红楼梦》。曹家败落后，改为隋织造园。乾隆年间(1736—1795)，袁枚购得此园，称为随园。后清朝大思想家魏源在此临水筑居，可胜揽乌龙潭、清凉山、龙蟠里美景，居所旧名"湖干草堂"(后更名为"小卷阿")，魏源就在这里著书立说，写下了巨著《海国图志》。

走出乌龙潭公园，沿虎踞南路南行抵达汉中门地铁站，可乘坐地铁 2 号线到达此行的最后一站——江宁织造博物馆。著名文学家曹雪芹旧年在南京居住过的地方众说纷纭，据考证，曹家在金陵有宅 6 处，除了城西清凉山旁的曹家花园外，著名的还有大行宫织造府衙和城南江南织造府。在大行宫江南织造原址上复建江宁织造博物馆，在重现江宁织造府原貌的同时，还展示有关曹雪芹生平和《红楼梦》的相关展品。

美食与住宿：沿地铁 2 号线有众多特色餐饮店，可供选择的空间比较大；沿汉中门大街西行，沿街有一些特色餐馆以及快捷酒店，可以选择布丁酒店或者南方酒店住宿。

民国名流旧居游览线路

简介：民国初期，南京作为首都，在国民政府的首都发展规划《首都计划》(1929年)的指导下，以长江路为中心的中央政治区逐步形成。现今，这条见证了"半部民国史"的长江路上，汇集了总统府、梅园新村等著名景点。游览这条"民国长安街"，走进民国名人旧居，能带领你重读一段兴亡无常的民国史。颐和路作为民国时期党政军要员、富豪、外国人的上层住宅区和公使馆区，保存了大量完整而富有民国风格的建筑群，游览价值较高；傅厚岗地区是民国《首都计划》中重要的行政区，社区内有民国建筑 23 处。

交通：乘地铁 2 号线或地铁 3 号线至大行宫站下

线路安排：总统府——梅园新村(周恩来、董必武旧居)——傅厚岗(李宗仁公馆、傅抱石故居)——颐和路公馆区

此条线路旨在追溯民国历史，领略民国建筑风貌，因而把行程的起点设在孙中山旧居——总统府。这里交通便利，既可乘坐地铁抵达，也可乘坐多条游览巴士到达。

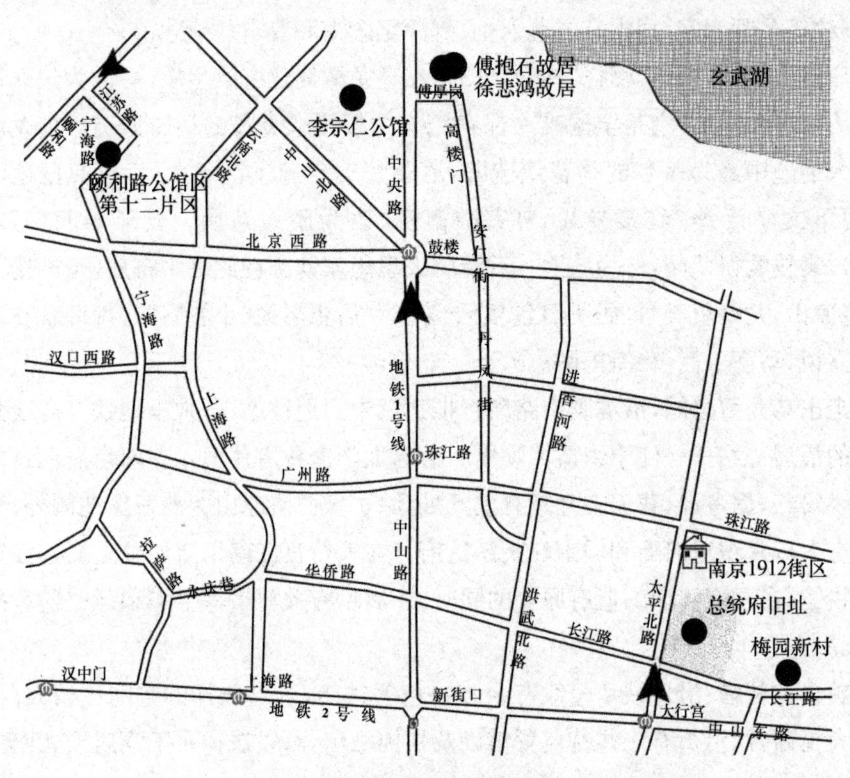

民国名流旧居游览线路图

总统府位于南京长江路292号。孙中山的临时总统办公室设于西花园西侧的一幢西式平房内，其临时住所也距此不远，为一幢三开间中式两层楼，现已面向游人开放。

中共代表团梅园新村纪念馆，位于长江路东端的梅园新村街道两侧，由中共代表团办事处旧址、国共南京谈判史料陈列馆、周恩来铜像、周恩来图书馆等组成。梅园新村17号、30号、35号是中国共产党代表团在1946年5月至1947年3月间与国民党政府进行和平谈判的机关驻地。30号、35号是当年代表团领导成员周恩来、董必武、李维汉、廖承志、邓颖超和南京局组织部长钱瑛住处。17号是代表团办事机构驻地。梅园新村30号为日本风格建筑，有房3幢18间，占地面积432平方米，建筑面积361平方米，院内花木均为中共代表团当年所遗，保持着当年的风貌。

乘车可至玄武区傅厚岗。民国时期达官贵人多将府第建置于此，遂使这里豪宅林立。一代艺术大师徐悲鸿的私宅坐落于现傅厚岗4号，原6号。傅抱石故居位于傅厚岗6号。傅厚岗30号，原68号是时任国民政府副总统、代总统李宗仁的居所，1947年至1949年李宗仁及其随员在此处居住。1937年8月前来南京参加国防会议的中共中央和红军代表朱德和叶剑英曾下榻于此。目前李宗仁公馆为江苏省省级机关第一幼儿园用房。

由傅厚岗向西行至山西路，便抵达行程的最后一站——颐和路公馆区。这里是南京民国时期政要居所集中所在，已被南京市政府规划为“南京近现代建筑风貌区”。我们可以步行参观颐和路、珞珈路、江苏路道路两旁的国民政府政要故居。主要推荐位于宁海路 5 号的马歇尔公馆，颐和路 8 号的阎锡山公馆，颐和路 38 号的汪精卫公馆。颐和路十二片区于 2014 年正式对外开放，市民不仅可以尽情观赏民国建筑，还可以在近现代文化体验酒店享受下午茶、吃秦淮小吃，酒店方还会定期举办民国老物件展、昆曲欣赏等活动，目前该酒店接受免费预约参观。

美食与住宿：

位于长江路上的南京 1912 街区紧邻总统府西侧，这里的建筑融合了中式和欧式的风格，充满了怀旧的气息，你可以在这里的茶餐厅、甜品店、中西餐厅里品尝下午茶。如果你更愿意品尝传统小吃，也可以先前往湖南路的狮子桥美食街，再前往傅厚岗。

游览完颐和路后，可以乘坐 3 路、24 路公交抵达鼓楼站前往下榻酒店。

民国文化名人故居游览线路

简介：民国时期，南京作为政治文化中心，是南北文化交流沟通的中枢地，吸引了不同领域的文化名人来此工作生活，以鼓楼科教文化区为中心，很多文化名士和名流都在这里留下了遗存，可供后人凭吊向往。此条行程选择了一些进入性比较高的民国文化名人故居作为观光点，在区域分布上比较集中，以中央大学旧址为中心，即今东南大学、南京大学一带，人文气息浓厚，可选择徒步或者乘坐公交的方式游览。

交通：乘地铁 1 号线至珠江路站下

线路安排：拉贝故居——何应钦公馆——赛珍珠故居——梅庵——杨廷宝故居

此条行程围绕位于鼓楼区的南京大学和东南大学校区展开。走出珠江路地铁站，南北走向的中山路将这两个校区分隔在东西两侧，选择继续向北行可以抵达南京大学汉口路门。在此之前当然不可错过参观拉贝故居，它位于天津路和广州路交汇处的小粉桥 1 号，是有“南京辛德勒”之称的约翰・拉贝当年在南京的居所，1937 年 12 月南京大屠杀期间，拉贝包括住宅和小花园的住所共收留、保护了 600 多名中国难民。

走进南京大学鼓楼校区，北园西南楼西侧坐落着著名美籍作家、诺贝尔文学奖

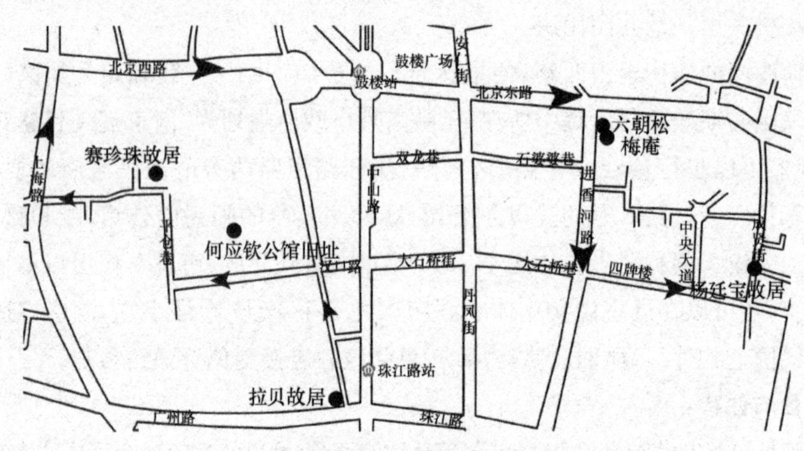

民国文化名人故居游览线路图

得主赛珍珠的居所。它是一座典型西洋风格的别墅，正是在这里，赛珍珠写出了她的处女作《放逐》，以及后来获得诺贝尔文学奖的《大地》等文学作品。孙中山在南京的一处居所位于南京大学南苑门内的东侧，现名为“中山楼”，为西洋别墅式风格建筑，是孙中山就任临时大总统后的居舍。民国年间的另一位国民党要员何应钦的公馆也位于南京大学校园内，坐落于南大图书馆西北、理学院东北侧，是一座典型西班牙风格的别墅，目前该主楼为南京大学外事办公室用房，专做接待贵宾之用，保存状况尚为完好。

游览完南京大学，我们将前往下一站东南大学。其校址为中央大学原址，曾汇集了一大批留洋归来的著名建筑师，也正是他们锻造了闻名中外的东大建筑学系。沿北京西路向东行，右转进入进香河路后东行至四牌楼，可抵达东南大学四牌楼校区南大门。走进南大门，首先映入眼帘的便是东南大学的标志性建筑——大礼堂。它是国立中央大学大礼堂，属于欧洲文艺复兴时期的古典式建筑风格，后由著名建筑大师杨廷宝在其两翼设计加建了三层教学楼两座。校园西北角有著名的六朝松和梅庵。位于成贤街104号的杨廷宝旧居为其亲自设计，名曰“成贤小筑”，在东南大学东门的对面。

美食与住宿：

南大和东大校区附近都分布着众多美食店，你可以选择在这些特色小店里品尝美食。

这里处于市中心，在住宿上有比较大的选择空间，快捷酒店或者星级酒店的分布都比较密集。

6. 下关旧影——工业遗产游

【概述】

国际工业遗产保护联合会(TICCIH)将工业遗产界定为:工业遗产由具有历史、技术、社会、建筑或科学价值的工业文化遗存构成。这些遗存包括建筑物和机器、车间、制造厂和工厂、选矿和冶炼的矿场和矿区、货栈仓库、能源生产、传送和利用的场所、运输及基础设施,以及与工业相关的社会活动场所,如住宅、宗教朝拜地或教育机构。可以说,工业遗产是一座城市所特有的语言,在旅游开发的新阶段,越来越多的城市认识到开发工业遗产对于维护城市历史风貌的历史意义,正如专家所指出的,"工业遗产旅游"能帮助衰退中的老工业区"变废为宝",德国的鲁尔工业区就是开发工业遗产旅游的著名案例。

南京下关地区的工业遗产是工业化早期的开拓者创造并遗留给子孙后代的历史财富,它默默地记录着关于一个时代的经济发展和社会进步的记忆。民国初期,下关拥有当时最繁华的港口和最繁忙的铁路运输线。日军占领南京之前,濒临长江、北连津浦线、南接沪宁线的下关,作为海上、陆上重要的交通枢纽,是南北粮食和重要物资运输的必经之地。旅馆业、商业和大市场异常繁荣,大马路、商埠街和宝善街一带,商贾云集,洋楼林立,当时人们将下关同南京最繁华的夫子庙进行比较,称作"南有夫子庙,北有商埠街""南有秦淮河,北有大马路"。然而,随着交通枢纽功能的衰落,下关渐失往日风光,昔日繁华的"大马路"也渐渐破败。

目前下关地区共约有 15 处工业遗产,大体可分为交通运输类、工业企业类以及文化教育基地等三大类。对于南京而言,这些工业遗产也是真实而弥足珍贵的城市记忆。目前,下关地区的煤炭港 22 号民国建筑、中山码头、下关发电所、南京招商银行办公楼等民国建筑已得到修缮和保护,而南京西站、中国银行南京分行旧址、南京招商局旧址也已被规划为工业遗产博物馆。

在本章中，我们将漫步于江畔的老下关区，重访那些在时光荏苒中渐渐褪色的工业旧地，再次捕捉一座城在历史长河中沉浮的身影。

【Introduction】

As defined in the Nizhny Targil Charter for the Industrial Heritage proposed by TICCIH (The International Committee for the Conservation of the Industrial Heritage), "industrial heritage consists of remains of industrial culture which are of historical, technological social, architectural and scientific value." In others words, industrial heritage is the unique language of a city. In the current development of tourism, an increasing number of cities have realized that the utilization of cultural heritages is of great historical significance to protect the urban history. As what some experts have pointed, the tour of industrial heritages can help re-prosper the declining industrial parks, among those a typical famous example is Ruhr Industrial park, one of the old and well-known parks in Germany.

The cultural heritages in Xiaguan District have witnessed the development of history and technology and became the historical wealth to the offspring created by the pioneers in the early industrialization, which recorded the economic development and social progress. In the early time of Republic of China (1912—1949), Xiaguan District owned the busiest port and most bustling railway system. Before the invasion by the Japanese troops in World War II, as the important land-sea transportation hinge connected Jinpu and Huning Railway as well as Yangtze River, Xiaguan was the vital place for transportation of goods and materials. At that time, people used to compare Xiaguan with Confucius Temple for the commerce and business. However, Xiaguan has been declining since its sunset in the transportation function.

Nowadays there are about 15 industrial heritage sites in Xiaguan, including ports, harbors, train stations, warehouses, factories etc. The architecture with hundreds years' history in Nanjing has become symbol of authentic and extremely precious urban memories. This chapter tells revisiting those industrial heritages in the past time road and retouch their reflections in the history river.

【线路推荐】

1. 南京民国交通枢纽游览线路 下关火车站(南京西站)——南京铁路轮渡所——南京港——中山码头——浦口火车站(南京北站)

2. 南京百年商埠游览线路 南京下关历史陈列馆——江南邮政管理局——中国银行南京分行旧址——南京招商局旧址——下关发电所旧址——和记洋行旧址

【线路详览】

南京民国交通枢纽游览线路

简介:民国时期,南京吸收世界先进的铁路建设技术,为当时的民国首都打造了一系列铁路交通枢纽,并历史性地将沪宁铁路和津浦铁路在长江上联结了起来。这些车站、港口在当时不仅是南京乃至华东地区重要的交通要道,也为文学家笔下的故事写下了生动的时代注脚。此条线路安排了南京现存的五座交通类工业遗产,带领你走进这些不复繁荣但岁月痕迹犹存的老车站、码头。

交通:乘坐 307 路公交至下关长途客运站站下;或乘坐 10 路、12 路、21 路、54 路、150 路、810 路公交至建宁路站下

线路安排:下关火车站(南京西站)——南京铁路轮渡所——南京港——中山码头——浦口火车站(南京北站)

南京西站,原下关火车站,位于龙江路 8 号,始建于清光绪三十一年(1905),是南京最早的火车站,随着原京沪铁路(南京至上海)修建而设站,曾用名南京站、南京车站,1968 年 10 月改名为南京西站。它是按当时统一规格"一等站屋"设计的,建筑面积 520 平方米,是建筑大师杨廷宝的优秀作品。南京西站已经于 2012 年 3 月 25 日由上海铁路南京客运段所替代,结束了客运使命。南京西站原候车厅被规划为南京第一个铁路博物馆,在未来的规划中,南京西站和南京站之间将开通观光轻轨。

走出下关火车站,沿兴安路向北走,进入老江口,可抵达南京铁路轮渡所。南京铁路轮渡所位于南京鼓楼区老江口 57 号院内,1968 年 10 月南京长江大桥开通后,停止运行客车及直通货物列车,1973 年 5 月 5 日南京长江大桥及其新的枢纽配套工程相继建成,南京铁路轮渡停航封闭。1933 年,随着南京火车轮渡所的建成,

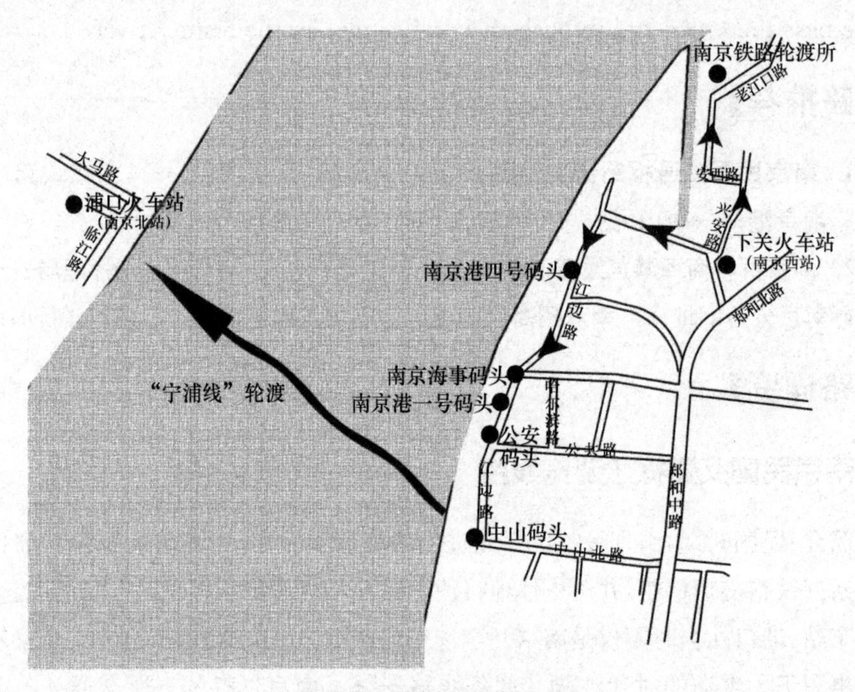

南京民国交通枢纽游览线路图

硕大的火车能坐轮船过江，成了当时一件匪夷所思的奇事，正式通车后，“长江”号载着一列火车横渡长江，沪宁线和津浦线从此连接起来。现存的火车轮渡保存着伸入江中的引桥，巨型的钢梁构成的建筑以及活动的钢梁，都是当年英国进口的旧物。经过 80 年的风风雨雨，除了桥面上有些枕木已经腐朽，钢铁的桥身依然处处闪耀着钢铁特有的金属质感，令人叹为观止。现在的轮渡所，被划归南京长江大桥管理处，成为上海铁路局南京桥工段的一个部门。往日的 500 多号人，只剩下十几人留守。当年的轮渡码头的盛况已不复存在，取而代之的是锈迹斑斑的火车轮渡桥。

沿江边路向南走，沿途会经过南京港码头。目前，南京港有两座办公大楼，相隔约 100 米左右，当地居民都称作旧南京港和南京港。旧南京港办公大楼是在民国时期所建，为三层典型的民国风中西结合建筑，主体建筑占地面积约为 1 000 平方米，外观保护良好，整栋楼没有任何管理人员或招牌标志，目前该建筑处于空楼闲置状态。南京港办公大楼还处于正常营运状态，为改革开放初期建筑，主体建筑为 8 层高，整体外观较为破旧。

继续沿江边路向南走，将抵达中山码头，它又名下关码头，位于江边路与中山北路相交处，是长江南岸的渡轮码头。1928 年，国民政府为保障孙中山先生奉安大典的顺利进行，在下关江边建设码头以迎接孙中山先生灵柩，码头被定名为津浦铁路首都码头。大典举行后，为了纪念孙中山，便把灵柩登陆的 9 号码头定名为中山码头并沿用至今。2013 年，中山码头修缮出新，码头主体建筑呈现中间高、两端偏低的结构形态，两侧为两层，中间主楼为三层，外部总体的风格是以民国风格为基础进行出新的，渡口位于新的外立面内侧。右侧的二层楼为轮渡售票处以及夜游售票口等。目前码头仍在正常营运，并常年开行驶往对岸浦口码头的“宁浦线”轮渡。

从中山码头乘坐“宁浦线”轮渡横渡长江，便可抵达江对岸的浦口码头，也是浦口火车站，即南京北站的旧址所在地。100 年前，这座位于南京长江沿线的北岸的极具英格兰式建筑风格的火车站迎送着南来北往的旅客，朱自清《背影》中的父亲从这里穿过铁道，孙中山的灵柩由这里运达南京。这里留下了不少名人的足迹，赋予了它更加传奇的色彩，来此参观的游客一直络绎不绝。2013 年 5 月 3 日，浦口火车站旧址被列入第七批全国重点文物保护单位名单。2013 年 10 月，南京市政府在此立碑介绍了这座南京重要近现代建筑风貌区。

美食与住宿：

来到了素有老南京“外滩”之称的下关，除了游览南京旧迹，当然不能错过赏江景和品江鲜了。临江的江边路上有一些特色餐馆，可以品尝时令江鲜。

南京百年商埠游览线路

简介：大约一个半世纪以前，清政府内的洋务派掀起“师夷之长技以自强”的改良运动。他们在下关地区进行了一系列近代化建设，为对外开埠做好了准备，也为南京下关地区的繁荣发展奠定了基础。以南京下关地区的大马路为代表，它北到江边，南接商埠街，集中了数座民国时代的精美建筑，是下关商埠的中心地带，也是一个体现民国商埠建筑群的主要地带。本线路聚焦于南京下关地区重要的工业遗产，带领你重新领略老南京作为商埠城市的辉煌与繁荣。

交通：乘坐 307 路公交至下关长途客运站站下；或乘坐 10 路、12 路、21 路、54 路、150 路、810 路公交至建宁路站下；或乘坐 10 路、53 路、54 路、307 路、809 路、810 路公交至惠民桥站下

线路安排：南京下关历史陈列馆——江南邮政管理局——中国银行南京分行旧址——南京招商局旧址——下关发电所旧址——和记洋行旧址

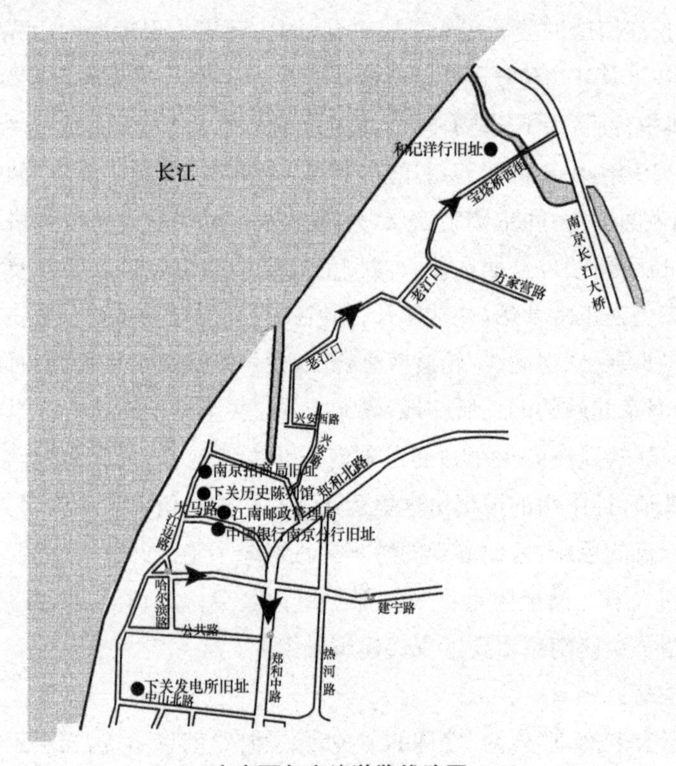

南京百年商埠游览线路图

在老下关大马路21号，有一栋建于1954年的建筑，简化的中式歇山屋顶、大门两侧的正红色长方体立柱，虽然不是严格意义上的民国建筑，但却沿袭了浓郁的民国风情。这里曾经是下关码头候船厅，经过修葺一新后被改建为“南京下关历史陈列馆”“南京滨江商务区规划展览馆”以展示老下关历史和新滨江风貌。从这里开始游览，想必会帮助你更深入地理解该线路上的工业遗产所蕴含的历史文化价值。

江苏邮务管理局位于下关大马路62号，后改为南京市邮政器材公司、南京邮政人力资源中心和邮政招待所。1918年，由于人员及邮局业务的发展，遂于下关大马路建造新局。新局建筑为钢筋混凝土结构，地上三层，地下二层，建筑面积4 545平方米，正面外墙写有“1918”字样。该建筑平面呈矩形，立面为外廊式。立柱厚檐，平屋顶。与毗邻的中国银行南京分行旧址形成鲜明对比，两者属于同一种建筑风格。

中国银行南京分行旧址位于下关大马路66号，建造于1923年。门口的六根大圆柱虽然历经了190年的风雨，却依旧气势轩昂，整体建筑保护完好，现为长江水利委员会水文局、长江下游水环境监测中心的办公场所。

南京招商局旧址位于江边路24号，建于1947年，坐落在南京中山码头与老江口码头之间，临近下关车站，便于水陆联运，是当时沿江一幢重要建筑物，钢筋混凝土结构，共四层。建筑的设计者是中国建筑史上的一代宗师杨廷宝。清招商局1873年在上海成立，1899年在南京下关设立分局。抗战结束后，国民政府招商局新建一座船型建筑，即现在的南京招商局旧址所在地。南京招商局旧址是南京作为近现代开埠通商城市的见证，也是近代办公建筑的又一生动例证。

下关发电所位于中山北路576号，现更名为大唐南京下关发电厂，于1912年由民国政府肇建。1919年，南京河海工程专门学校校长许肇南创办，定名为江苏省立南京电灯厂下关发电所。它是中国第一家官办发电厂，在民国时期为首都电厂。电厂里最有名还要数西南角的那栋“小红楼”，红色的砖头、黄色的墙壁、黑色的瓦片，于1946年竣工，这是电厂唯一幸存的原版正宗的民国建筑，该楼还曾是汪精卫的办公楼。2009年4月，该办公楼被南京政府评为南京重要建筑。目前办公楼保护完好，已经全面整修完毕，办公设备依旧保持原样，但并未对外开放。1937年12月13日，南京沦陷。“煤炭港惨案”在12月14日至17日间发生，此次屠杀中首都电厂工人45人遇难。抗战胜利后，1946年9月，为纪念罹难工友，扬子电气有限公司总经理潘铭新决定，在下关发电所大门花圃处，建造“殉难工友纪念碑”。

和记洋行位于鼓楼区宝塔桥西街168号。和记洋行是南京开埠后外国资本家在下关开办的第一家工厂，是当时南京乃至全国最大、最现代化的食品加工厂，也是一处具有殖民买办性质的工业企业，更是南京工人阶级反帝反封建反剥削反压迫斗争的前沿，是研究中国工人运动史的重要基地之一。1937年南京沦陷后，和记洋行被迫停产。和记洋行的建筑，由姚新记营造厂承建，多为钢筋混凝土结构，大多数保存至今，其中四至六层建筑物有多座。另厂区内有小铁路、码头以及原英国老板住宅楼等。

美食与住宿：

这里推荐位于鼓楼区江边路2号（近三号码头）的望江楼酒店，它同时是军区厨师培训基地，常常有创新菜式，在这里你可以品尝到新鲜美味的河鲜江鲜。

7. 同醉花时——四季赏花游

【概述】

南京花卉栽培历史悠久，花卉品种繁多，花文化也在这座古城源远流长，有关赏花、咏花的诗词歌赋不胜枚举，赋予了花深层的含义。南京市的市花——梅花为“岁寒三友”之一，南京的国际梅花节享誉世界，已成为南京市的新的旅游名片。

南京的气候地理环境适合多种花卉生长，一年四季内都有花卉可以欣赏。3月份可以去鸡鸣寺和玄武湖赏樱花，也可以去中山植物园等地欣赏二月兰；4月可以欣赏六合的油菜花和牛首山的桃花；4月中期可以欣赏情侣园的郁金香和莫愁湖公园的海棠花；5月玄武湖公园和古林公园等地是观赏牡丹的好去处；6月绣球公园的绣球花争艳；7月玄武湖公园的荷花是炎炎夏日游客的最爱；9月中山植物园的彼岸花怒放；10月灵谷寺等地的桂花盛开；11月南京农业大学是观赏菊花的好地点。

在花开花谢的四季轮回里，南京还举办了丰富多样的花卉主题节庆，如南京梅花节、夫子庙花卉展、灵谷桂花节、牛首山的桃花节、莫愁湖的海棠花会、古林公园的牡丹花节、玄武湖的菊花展等。在南京的花期里，走进花的国度，你可以赏花写生，也可以在山花烂漫的季节里，品一壶茉莉花茶或是菊花茶，不枉负这大自然最诗意的馈赠。

【Introduction】

The history and culture of flowers and plants in Nanjing are both long-standing and profound with poems and essays in dynasties. Known as one of “Three Friend Plants in winter” and the symbolic flower of Nanjing, the plum blossom with the International Plum Festival has become a new name-card of Nanjing tourism.

Nanjing is a place for various plants to grow for its mild climate and adapt friendly geographical environment. Whenever people want to enjoy the sight of blooming flowers, Nanjing owns. For instance, Xuanwu Lake and Jiming Temple are both perfect spots for cherry blossoms in March. And the best orychopragmus violaceuses exist in Sun Yet-sen Botanical Garden. As for April, the rape flowers in Liuhe District and the peach flowers in Niushou Mountain just come at the right time. In the middle of April, the tulips in Lovers' Garden and the begonia in Mochou Lake Park become the popular resorts. In May, Xuanwu Lake Park and Gulin Park are both suitable for peonies. Hydrangeas and lotuses are the most attractive flowers in June and July. The manjusakas in Sun Yet-sen Botanical Garden are extremely exuberant in September. The smanthuses bloom with sweet fragrance in Linggu Temple at early October. In November, Nanjing Agricultural University is highly recommended for the chrysanthemum flowers.

Various kinds of flower festivals have been holding in Nanjing throughout the year keeping the paces of flowers blooming. Nature is unparalleled intimate when flowers-sightseeing, painting, and flower-tea-drinking.

【线路推荐】

1. 春季赏花路线

梅花篇　明孝陵景区(梅花山、梅花谷)——玄武湖公园——古林公园

二月兰篇　南京理工大学——中山植物园——紫霞湖——下马坊公园——情侣园——解放门

樱花篇　梅花山(中日友好樱花园)——玄武湖公园(樱洲)——南京林业大学——鸡鸣寺路——东南大学——南京医科大学——南京大学

桃花篇　小桃园——江苏省农业科学院——白马公园——栖霞山风景区

海棠篇　玄武湖公园——莫愁湖公园

牡丹篇　古林公园——薛城遗址公园——溧水牡丹园

2. 夏季赏花路线

绣球花篇　绣球公园——莫愁湖公园——南京博物院

荷花篇 珍珠泉——玄武湖公园——莫愁湖公园

3. 秋季赏花路线

桂花篇 灵谷寺——玄武湖公园——南京林业大学——古林公园——清凉山公园——南京师范大学——雨花台

菊花篇 玄武湖公园——莫愁湖公园——菊花台公园——南京农业大学

4. 冬季赏花路线

蜡梅篇 明孝陵——珍珠泉——古林公园

兰花篇 清凉山公园——玄武湖公园

【线路详览】

春·烂漫山野

梅花篇

简介：走进南京，人们会在各个角落里发现市花——梅花与南京的密切关联。南京素有“江南四大赏梅胜地”之称，南京人开始种植梅花、观赏梅花，始于六朝。从六朝开始，一直到明清，南京人珍爱梅花的传统绵延不绝。史书记载：南京城南梅岭岗、城北钟山脚下梅花坞，均为植梅、赏梅之佳地。明末徐渭《钟山梅花图》也描绘出“龙蟠胜地，春风十里梅花”之景观。梅花在 1982 年被评为南京市花，不仅因梅花的品格为南京人民所赞赏，更因南京有梅园新村、梅花山等具有历史意义的梅花胜地。南京的梅花花期在 2 至 3 月份，游客可以在城中各处欣赏到品种各异的梅花。这里推荐城东的明孝陵景区的梅花山、梅花谷，城西的古林公园，以及城北的玄武湖公园。

赏花线路：明孝陵景区(梅花山、梅花谷)——玄武湖公园——古林公园

梅花山是中国南京东郊紫金山的一座小山丘，位于中山陵西南，明孝陵正南。梅花山，原名孙陵岗，由于东吴孙权葬此岗而得名。1929 年孙中山安葬在紫金山，陵园管理委员会把此地辟为孙中山先生纪念性植物园蔷薇花木区，开始大规模种植梅花，因此得名。梅花山以及山下的“万株梅园”占地 400 余亩，有 230 个品种，13 000 余株梅树，品种数量仅次于武汉磨山，有“梅花世界”之称，其中不乏梅中精品如朱砂、江梅、宫粉、绿萼等，还有世界罕见品种翻瓣朱砂梅、几夜寝觉等，更有南京独有品种“南京红”。梅花山的梅花树栽植有百余年，特别是在石象路西侧梅花品种园内，有 550 年甚至 600 年的古梅桩。梅花山有“天下第一梅山”的美誉，与苏州邓尉、无锡梅园、杭州超山并称“江南四大梅山”，目前它是国内唯一位于世界遗

产景区(明孝陵)内的赏梅胜地,每年春季举办有“中国南京国际梅花节”。早梅主要位于山顶博爱阁以东、以南的山径两侧,以及山南的梅花精品园内,山上建有观梅轩,登轩观梅,一山梅花尽收眼底。在梅花谷的唯秀亭周边,还种有梅花山镇山之宝“别角晚水”的小树。

玄武湖作为南京重要的游览胜地,与明孝陵的梅花山相对,将旖旎的水景与暗香浮动的梅花结合起来,开辟了一条水上探梅的线路,为冬日赏梅增添了别致的情调。玄武湖古称桑泊,俗名后湖,历来为皇家宫苑和水师操练场所。明朝时朱元璋诏令天下编制黄册,把玄武湖作为皇册库,鼎盛时在此保存黄册 960 万册,成为世界档案史上的一大奇迹,玄武湖因此成为皇家禁地,与世隔绝长达 260 多年。民国期间改为玄武湖公园,成为一处淋漓尽致地展现南京山水城林风光的古迹遗存。在玄武湖公园内从玄武门至环洲、梁洲、翠洲、菱洲,沿湖岸边临水栽植梅花,并设计了梅花岭、梅花廊道、梅花岛、梅花花坛、梅花隔篱等景观小品,营造出了“疏影横斜水清浅”的意境。人们可以选择自驾电瓶船,或乘大、中、小型游船,享受泛舟探梅的幽雅情趣,也可以选择漫步环湖路,欣赏水中梅影。另外,园中还会举办梅花盆景展览、插画表演等活动。

古林公园位于南京市鼓楼区虎踞北路 21 号,建在原古林寺旧址,因寺得名。古林寺建于梁,当时称观音庵,为梁代高僧宝志创建。南宋时称古林庵,明代庵改为寺,成为城西巨刹。南北朝时,古林公园一带广植海棠与梅花,风景秀丽,名噪一时,赏梅者络绎不绝。近几年,公园从各地引种栽培,现有梅花 70 多个品种,2 000 多株,其中有一些珍贵品种,如绿萼梅、洒金跳枝梅、朱砂梅,以及一些日本引进品种。主要观赏景点位于东大门梅岭区域和梅桩园区域,其中晴云亭更是被爱好者称为最佳赏梅位置。梅岭一带建有一组亭、廊、轩等古典建筑,既为游人提供了休憩的场所,又增添了赏梅的诗情画意。古林公园作为梅花节的分会场,是主城内重要的赏梅景点。古林公园每年都会举办“梅展”,一般有梅桩造景展、插花邀请赛、迎春梅花展等活动。

交通:乘游 20、202、203、315 路至明孝陵站下,或乘地铁 2 号线至苜蓿园站下可到达明孝陵景区,步行约 10 分钟即可到达梅花谷南门;转乘地铁 1 号线至玄武门站下可至玄武湖公园;乘坐公交 132、149、21、24、66、818 路至古林公园站下可至古林公园。

餐饮:梅花山共分布着 4 处餐厅,其中除北面金水桥附近的餐厅外,其余 3 处餐厅都集中分布在梅花展示中心附近。玄武湖公园内有麦当劳、环洲公馆等餐饮店,也可从玄武门步行到狮子桥美食街。

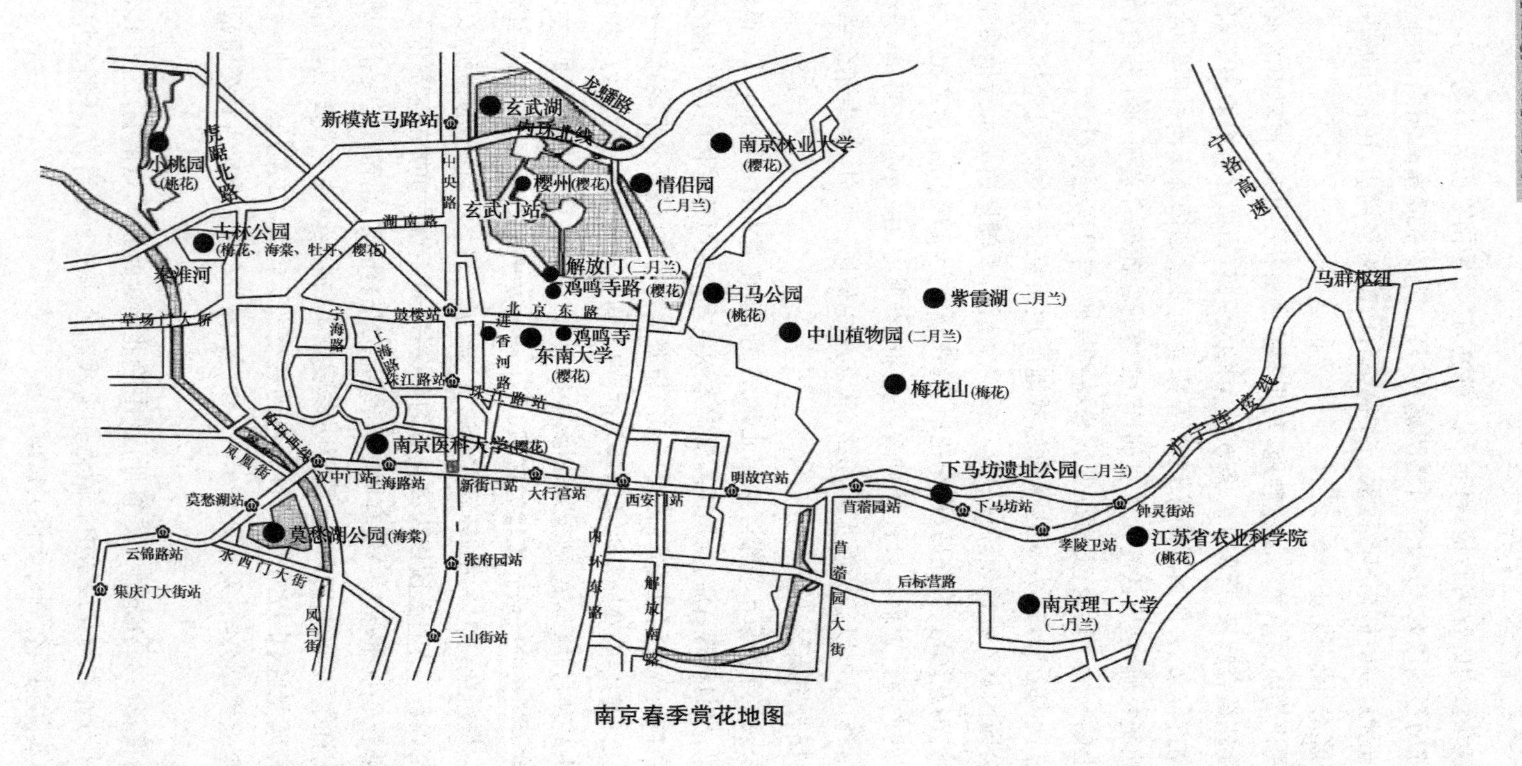
玄武湖
新模范马路站
龙蟠路
内环北线
樱州(樱花)
玄武门站
情侣园
(二月兰)
南京林业大学
(樱花)
小桃园
(桃花)
虎踞北路
古林公园
(梅花、海棠、牡丹、樱花)
秦淮河
湖南路
中央路
解放门(二月兰)
鸡鸣寺路(樱花)
白马公园
(桃花)
紫霞湖(二月兰)
中山植物园(二月兰)
梅花山(梅花)
北京东路
鸡鸣寺
东南大学
(樱花)
鼓楼站
珠江路站
珠江路站
南京医科大学(樱花)
汉中门站
上海路站
新街口站
大行宫站
西安门站
明故宫站
苜蓿园站
下马坊站
钟灵街站
孝陵卫站
下马坊遗址公园(二月兰)
江苏省农业科学院
(桃花)
南京理工大学
(二月兰)
后标营路
莫愁湖站
莫愁湖公园(海棠)
云锦路站
集庆门大街站
张府园站
三山街站
宁洛高速
马群枢纽

南京春季赏花地图

二月兰篇

简介:从初春到暮春,在南京城内的山头、路边,甚至墙根,你都可以发现一种蓝紫色的小野花,它低调朴素,却开出了成群成片的恣意姿态,在春天的阳光下铺张开蓝紫色的海洋。在季羡林的散文《二月兰》里,它是一种草根阶层的代表,而在南京,它却已然成为春天里最浪漫的色彩。

在南京,它叫二月兰,而在漂洋过海到日本后,它便又有了一个美丽的名字——紫金草。1939 年南京城正身处水深火热的战火之中,一位名叫山口诚太郎的日本军医在南京紫金山脚下采撷了一些紫色野花的种子,在他被遣送回国后,他将这些被取名为紫金草的花种随信分发给各地的亲朋好友,此后几十年内,山口每逢假期便乘坐贯穿日本的慢车,将和着花种子的泥块撒向窗外,在他与家人的努力下,越来越多的紫金草开始倔强地生活在这片岛国土地上。1988 年,在筑波世界园艺博览会上,山口的儿子向世界各国游客分发了 100 万粒紫金草种子,而紫金草背后的故事也随之传遍世界各地。可以说,二月兰,也就是紫金草已成为中日人民友谊的象征,由日本艺术家创作的合唱组曲《紫金草的故事》也成功在中日两国公演,在南京侵华日军南京大屠杀遇难同胞纪念馆内还建有紫金草花园以及"紫金花女孩"铜像,相信在未来,这朵"和平之花"也能更加充满活力地盛放在两国人民心间。

这里主要推荐南京最著名的二月兰观赏地——南京理工大学,以及中山陵风景区内的几处赏花点。当然作为生命力旺盛的野花,南京城内还有更多其他的赏花点可以看到它的身影。

赏花线路:南京理工大学——中山植物园——紫霞湖——下马坊公园——情侣园——解放门

在初春时节里,沿着南理工大学的二号大门进入校园,在成片的水杉林间铺陈着开得热热闹闹的二月兰,遮天蔽日的水杉投下细细碎碎的阳光,点缀在繁星般的紫蓝色花丛间,这里也被南理工的学子们亲切地称为"梦幻地毯"。原本古朴厚重的工科学校校园,也因这醉人的花海而变得浪漫。

在钟山风景区内有多处可以观赏二月兰的景点。首先是中山植物园,这是一所兴建于民国十八年(1929)的植物园,是中山陵园的重要辅助建筑。走进园内,道路两旁处处都可以看到恣意盛放的二月兰,成片的小紫花,点缀在亭台楼阁中;其次是紫霞湖,在湖光山色中欣赏二月兰更是别有一番风味;最后下马坊遗址公园与灵谷寺附近也分布有大片的二月兰,特别是在三绝碑和志公和尚墓之间,大片的小紫花随着地势起伏，绵延壮观。三绝碑嵌于宝公塔正中，因有吴道子摹绘的画像、李白的像赞、颜真卿的书法同被刻于石碑之上，因此被称为“三绝碑”。

在南京城内还有另外几处赏二月兰的去处，比如古林公园、绿博园（南京中国绿化博览园），这两个公园打造的四季花景，可以让你在一年四季欣赏到不同品种的花，二月兰自然是必不可少的。提到栖霞山，你可能会联想到千年古刹和漫山红枫，但其实在春天里从栖霞山的正门上山，从寺庙穿过，往千佛岩走去，山路边的二月兰越来越多，宛如两条淡紫色的花毯延展开去。南京城墙下也处处盛放着这种紫色小花，沿着解放门的城墙根走下去，处处可见二月兰幽静地生长着。另外玄武湖及毗邻的情侣园内同样也能找到二月兰的身影。

交通：乘地铁 2 号线在下马坊站下，或乘 5、9、36、49、55、84、142、202、315 路到小卫街站下可至南京理工大学；乘 20、203、315 路在中山植物园站下。

餐饮：中山陵风景区内有商业街，内有酒店、超市、餐厅，在这里向你推荐回味鸭血粉丝，它是南京特色小吃品牌之一。

樱花篇

简介：早在两千多年前的秦汉时期，樱花已在中国宫苑内栽培，在唐朝时由日本使者带回东瀛，后成为日本的国花。樱花盛放时灿若霞云，洁如落雪，特别是微风过处，落英缤纷，极具美感，可以说是春季里最具文艺气质的花。

据《中山陵志》记载，民国时期，南京的总理陵园管理委员会便开始培育樱花，但由于气候因素和病虫害的影响，南京的樱花树平均寿命只有 40 年左右，比北方少 10 年，这些古樱也早已消失了。樱花花期集中在三四月份，分为早樱和晚樱。除了在梅花山、玄武湖公园和古林公园等市民公园内可以看到樱花外，位于南京鼓楼区、玄武区内的各大高校附近也遍布樱花树。浓郁的人文气息搭配婉约娇艳的樱花，是赏樱的绝佳去处。

赏花线路：梅花山（中日友好樱花园）——玄武湖公园（樱洲）——南京林业大学——鸡鸣寺路——东南大学——南京医科大学——南京大学

在梅花山的中日友谊园一带有占地面积 60 亩的“江苏福冈友好樱花园”。它位于梅花山东侧，于 1996 年建成，是南京地区规模最大的樱花专类园。樱花园共有樱花约 3 000 株，15 个品种。其中，早樱有“日本早樱”“大渔樱”，中花期樱有“染井吉野”“大岛樱”等，晚樱有“关山”“松月”“普贤象”等，还有造型奇特的垂枝樱，名为“八重红枝垂”。另外，在明孝陵蜡梅园，生长着十几株树龄至少有五六十年的樱花，是紫金山的樱花王。

玄武湖的樱花品种较多，在数量上是南京之最，早樱和晚樱基本上各占一半，主要集中在樱洲、芳桥、环洲内湖、情侣园等区域。值得一提的是，情侣园内有非常名贵的绿色复瓣晚樱，观赏价值高。

南京林业大学的樱花大道素来在南京有着极高的人气，颇有直追“赏樱胜地”武汉大学的势头。樱花以粉色和白色为主打，绿色樱花品种主要是“郁金”和“御衣黄”，属于比较少见的品种。每年的三四月份，南林大老图书馆前面的一条几十米的小路旁樱花怒放，放眼望去，如云霞漫舞，美不胜收。

鸡鸣寺路是南京第一条将樱花树作为行道树的道路，长 402 米，现有樱花 170 余株，大部分植于 1980 年，为延续樱花大道的盛景，政府每年都会为鸡鸣寺路补植樱花，将长势衰弱的高龄樱花替换掉。窄窄的马路边排列的樱花树盛开时，花团锦簇，粉霞似锦，与远处的鸡鸣寺塔楼相互映衬，顿时会有种跌入古典画卷中的错觉，这种古朴典雅的氛围也是这里深受南京市民喜爱的原因。

除了这些热门的赏樱景点，东南大学、南京医科大学和南京大学校园内都有几处赏樱处，各有特色。

交通：乘 20、202、203、315 路至明孝陵站下，乘地铁 2 号线至苜蓿园站下可到达明孝陵景区，步行约 10 分钟即可到达梅花谷南门；乘地铁 1 号线至玄武门站下可至玄武湖公园；乘公交 2、36、40、44、203 路至新庄站下可至南京林业大学，也可乘坐地铁 3 号线至南京林业大学・新庄站下；乘坐 2、3、11、15、20、24、31、44、48、52、67、70、140、201、304 路在鸡鸣寺站下可至鸡鸣寺，也可乘坐地铁 3 号线至鸡鸣寺站下。

餐饮：在前面的线路推荐中已提到玄武湖公园内的美食，这里推荐一家位于珠江路浮桥通贤桥 4 号的鸭血粉丝店——鸭得堡鸭血粉丝，据称是南京最老牌的鸭血粉丝店，在口感、材料上都与别家有所不同。

桃花篇

简介：古诗有云：“人间四月芳菲尽，山寺桃花始盛开”，是古人对春天最直观的感受。桃花也是春天里最生动娇艳的身影，踏青时遍山遍野盛放的桃花也成了人们的宠儿。在南京城内有多处赏桃花的地点，它们多与文化古迹相依，风景秀丽，文化氛围浓郁。

赏花线路：小桃园——江苏省农业科学院——白马公园——栖霞山风景区

小桃园位于南京下关挹江门外，与狮子山、绣球公园、阅江楼等景区联成一体，构成了明城墙风光带下关段独特的文化景观。在辛亥革命前，此地俗称“海陵底”；

民国初,有住户在此植桃树,故名小桃园,相沿至今。目前小桃园占地 7 000 余平方米,建有水榭、桃花渡、游船码头、镂花围墙、彩石路面和石桌凳等游玩设施,种植有白桃、碧桃、绯桃、绛桃、寿星桃等 20 多个品种的桃树,约计 10 万余株。

江苏省农业科学院位于风景秀丽的南京紫金山南麓,中山陵脚下,它是全省唯一的、综合性的农业科研机构,也是三个国家级桃资源圃之一。走进农科院的桃花培育基地"桃花岛",你可以欣赏到近千余种桃树竞相开放的盛景,还能发现一些科学家培育出的诸如菊花桃的新奇品种。在整块苗圃中,分为观赏桃和果桃两种,其中包含着不少桃中名品,如"金陵锦桃""寿星桃",还有市面上已绝版的"血桃"。这里风景秀美,而无车马喧闹之声,仿佛是一处远离尘世的桃花源。

白马石刻公园位于南京市玄武区,是紧密联系中山陵和玄武湖的纽带,集中展示了一大批原散落于南京四周,不利于保护和展示的珍贵石刻文物,并精心运用碧桃等植物造景。白马公园是南京规模最大的桃花专类园,桃花面积达 150 余亩,共有紫叶桃、碧桃、寿心桃、果桃 4 大类 15 个品种,1 万多株桃花,是南京市民赏桃花不可多得的好去处。这里每年都会举办桃花节,活动内容十分丰富。

栖霞山位于南京市栖霞区,又名摄山,南朝时山中建有"栖霞精舍",因此得名。"秋栖霞"以其漫山红枫吸引了广大游客,殊不知,近年来栖霞山致力打造桃花景观,重现古桃花涧的美好景致,你可以在欣赏桃花的同时,重新感受古人游迹。目前栽种有紫叶桃、碧桃、寿星桃、蟠桃等品种,加上野生的毛桃,共有 5 000 株左右,花色有白、绿、粉红、朱砂红、深红、大红等,盛放时与栖霞山其他品种的春花互为映衬,煞是美丽。

交通:乘坐公交 57、100 路到挹江门站下可至小桃园;乘坐地铁 2 号线至钟灵街·灵谷寺站下,或乘坐公交 5、9、51、55、121、142 路到钟灵街站下可至江苏省农科院;乘公交 20、203、315 路到白马公园站下可至白马公园;乘 138、326、327、南栖线到栖霞山(寺)站下可至栖霞山。

海棠篇

简介:海棠是重要的温带观花树木,也是中国古代文人墨客笔下的常客。每年的三四月份,走在南京街头,街边的行道树,居民家的盆景,处处都可看到海棠的身影。更有莫愁湖公园举办的海棠花会,在增添节日气氛的同时,与南京人一同庆祝春的到来。南京城内玄武湖公园、古林公园等,同样也是赏海棠的好去处。

赏花线路:玄武湖公园——莫愁湖公园

玄武湖公园的春天,梅花、迎春花、桃花、二月兰等花卉竟相开放,虽然海棠的数量不多，但湖光旖旎的玄武湖公园还是值得一去的。

莫愁湖是一座有着 1 500 年悠久历史和丰富人文资源的江南古典名园，为六朝胜迹，自古有“江南第一名湖”“金陵第一名胜”“金陵四十八景之首”等美誉，以“怡然莫愁”入选新评“金陵四十景”。莫愁湖公园种植海棠的历史起于上世纪 60 年代。为与莫愁女传说相印证，园内开始种植又名“女儿花”的海棠。莫愁湖公园内“龙型海棠园”“东洋锦园”“舞美园”等有 10 余种早、中花品种，已成为华东地区最大的“海棠专类园”，园内现有上百种万余株海棠，公园每年都将引进最新海棠品种。自 1981 年起每年举行莫愁湖海棠花会节，届时组织大量文化类、儿童类、演出类和互动类活动。另外，莫愁湖公园还有水上赏花的特色线路。你可以站在画舫船头，一边听着传说故事，一边欣赏两岸清丽脱俗的海棠。

交通：乘地铁 1 号线至玄武门站下可至玄武湖公园；乘地铁 2 号线到莫愁湖站下可至莫愁湖公园，或乘公交 7、13、48、204 路到莫愁湖站下。

牡丹篇

简介：唐代刘禹锡有诗曰：“庭前芍药妖无格，池上芙蕖净少情。唯有牡丹真国色，花开时节动京城。”牡丹是中国特有的木本名贵花卉，被拥戴为花中之王，清末曾被当作中国的国花。中国历来有关牡丹的文化和绘画作品也很丰富。南京牡丹的花期为每年的四五月份，城内以及溧水等地都会举办隆重的牡丹节。

赏花线路：古林公园——薛城遗址公园——溧水牡丹园

在南京提起牡丹，人们首先就会想到古林公园。位于公园西南隅的牡丹园拥有 300 多个品种的牡丹，多引自洛阳、菏泽、盐城等地，主要品种有乌龙捧盛、大胡红、小胡红、藏枝红、珊瑚台等，更有黑花魁、赛雪塔、红珊瑚等，其中新引进的有 50 多种，包括花王“魏紫”和花后“姚黄”等名贵品种，一共 3 500 余株，观赏面积达到 2 万多平方米。园中还建有牡丹亭，仿古典园林建筑风格，因山而建，方便游人休憩赏花。至 2014 年，古林公园已举办十九届牡丹(芍药)花会节，吸引了众多的牡丹爱好者。

薛城遗址位于南京市高淳区淳溪镇境内，经考古专家的论证被确定为“南京原始人发源地”，是第七批全国重点文物保护单位。目前这里已建成薛城遗址公园，每年牡丹盛放期间，公园内栽植面积达 3 100 平方米的牡丹花竞相盛放，一展国花雍容华贵的姿态。

溧水牡丹园位于溧水区永阳镇溧水区特殊教育学校实践基地，由该校的残疾学生种植而成，占地面积 100 余亩，共有来自 4 个国家的 500 个品种 20 多万株牡丹，是全省规模最大、品种最多的牡丹种植区。2005 年起溧水区特殊教育学校举办一年一度的“南京溧水牡丹节”。

交通：乘坐公交 132、149、21、24、66、818 路至古林公园站下可至古林公园。在南京汽车客运南站乘坐高淳班车，到高淳城区乘 102 路公交到天河市场下，转乘防洪埂的班车，到薛城遗址下可至薛城遗址公园。在南京汽车客运南站乘宁溧高速快线至溧水汽车客运站换乘溧水 15 路至溧水体育馆(南)站下，步行 1.9 千米可至溧水区特殊教育学校实践基地。

餐饮：古林公园提供自助烧烤的台位，你可以自带食物，选择在一个天气晴朗、百花斗艳的日子里，和三五好友来这里烧烤。在这里烧烤是不限时的，可以尽情享受美好时光。薛城遗址公园、溧水区特殊教育学校实践基地附近均有餐馆可以选择。

夏·绚灿清塘

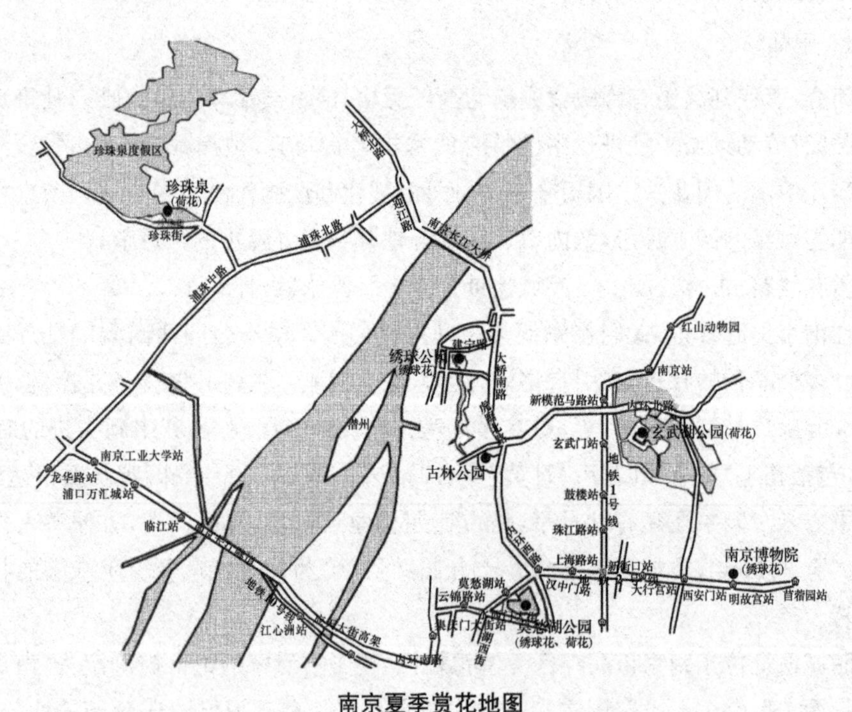

南京夏季赏花地图

绣球花篇

简介：绣球花，又称紫阳花，大而美丽，观赏性强，是一种常见的观赏花木。中国栽培绣球的时间较早，在明、清时代建造的江南园林中都栽有绣球。绣球花多在

5 至 7 月盛开。南京博物院、莫愁湖公园和绣球公园是南京绣球花种植较为密集的场所，是欣赏绣球花的好去处。

赏花线路:绣球公园——莫愁湖公园——南京博物院

绣球公园位于南京挹江门外西北侧，始建于 1952 年，因园内有绣球山而得名。该山为狮子山余脉，独兀狮子山南，与之形成“狮子盘绣球”之势，曾经入围“新金陵四十景”。绣球公园作为南京唯一的“绣球”专类园，多年来先后种植了 4 000 株各种绣球花，其中还有从日本引进的“洋绣球”，又被称为“八仙花”，刚开始白色，后逐渐转变成蓝色或红色，色彩多变。在绣球公园还可以遥看到阅江楼与狮子山，与园内盛放的绣球花交相呼应。绣球山下还树一诗碑:“绣球山下绣球花，秀色可餐不玷瑕。马后若知此瑰丽，何须王子走天涯。”

除了绣球公园，南京城内可欣赏绣球花的地方还有不少，如南京博物院和莫愁湖公园，这里都种植有大片绣球花，姹紫嫣红，煞是可爱。特别是莫愁湖公园，此时游览还能欣赏到园内“十顷莲花”的胜景。

交通:乘公交 57、100 路至挹江门站下，或乘公交 12、149、16、18、39、204、803、816、818 路到热河路站下均可到达绣球公园;乘地铁 2 号线到莫愁湖站下，或乘公交 7、13、48、204 路到莫愁湖站下可至莫愁湖公园;乘地铁 2 号线至明故宫站下，或乘 33、35、38、201 路至中山门站下可至南京博物院。

餐饮:南京博物院的院内开设有几家甜品店和副食品店，在游览之余可以稍作休憩。

荷花篇

简介:“出淤泥而不染，濯清涟而不妖”，荷花为古往今来诗人墨客歌咏绘画的题材之一。荷花在中国的种植历史悠久，早在周朝时就有种植记录。荷花的花期在每年的 6 月至 9 月，南京人往往会在此时赏荷纳凉，一扫暑闷之气。夏日里南京的赏荷胜地不少，像莫愁湖公园、玄武湖公园等有大面积荷花种植水域的公园都是不容错过的，这些公园每年还会举办荷花节。

赏花线路:珍珠泉——玄武湖公园——莫愁湖公园

珍珠泉旅游度假区位于南京市浦口区定山西南麓，是一处山清水秀、泉奇石美的景区，历来有“江北第一游观之所”的美誉。它依托现有的山水泉林，打造出了迷人的湿地生态景观，在近万平方米的水面上点缀着数处荷花塘，风光旖旎动人。

玄武湖公园素来是人们赏荷的首选地，水面种植荷花 500 多亩，品种主要有玄武红莲、金湖红莲、云龙湖红莲、白莲等。主要赏荷水域分布在玄武门主入口左侧、内湖、莲花广场附近、翠梁堤两侧、太平门附近、和平门附近、情侣园等区域。其中值得一提的是，樱州上有一处“荷花园”，收集品种荷花170余种；另外，位于环洲北端的莲花广场是一处赏荷佳地，广场以荷叶、荷花造型为构图，占地约5 000平方米，可容纳观众3 000多人，为国内景区规模最大、品种较全的表演区。景区内提供多条赏荷路线，可乘船夜游赏荷，也可漫步环岛。

提到荷花，当然不能错过莫愁湖公园了。莫愁湖内湖面宽阔，水域面积超过园区面积一半，盛产莲藕，莲花十顷更是六代名湖引人入胜之处。莫愁湖的莲荷主要分布在莫愁溪、赏荷榭、北区莲荷精品园等区域。泛舟湖上，还能看到伫于莲池之中的莫愁女塑像，恍若绝代的凌波仙子，清愁敛目，恰如荷花化身。

交通：从鼓楼乘坐168路公交车沿南京长江大桥、浦珠北路、珍珠北路可直达珍珠泉风景区(珍珠泉站)；乘地铁1号线至玄武门站下可至玄武湖公园；乘地铁2号线到莫愁湖站下，或乘公交7、13、48、204路到莫愁湖站下可至莫愁湖公园。

餐饮：珍珠泉景区提供自助烧烤的场所，可自备食材，但限时100分钟。你可以租下台位，和好友亲人享受在自然环境下品尝美食的快乐。

秋·云外天香

桂花篇

简介：桂花是中国传统十大花卉之一，花期在每年的9月前后。仲秋时节走在南京城内，寻常百姓生活的房前屋后，百年老校的校园内，处处都可闻得到沁人心脾的桂花香。称南京“路路有桂”“院院有桂”“无园不桂”，一点也不过分。南京人喜爱桂花，不仅是把它当成观赏树对待，更是把桂花融入美食中，诸如桂花糖芋苗、桂花糖炒栗子、桂花茶、桂花糖等已成为名产。南京最主要的赏桂花处在灵谷寺，其他的市民公园内也常能见到桂花树，另外南京农业大学以及南京林业大学也同样是欣赏桂花的好去处。

赏花线路：灵谷寺——玄武湖公园——南京林业大学——古林公园——清凉山公园——南京师范大学——雨花台

灵谷寺位于钟山风景区内。钟山植桂的历史可上溯至六朝时期，南宋年间更因广植桂树而得名“桂岭”，目前是南京种植桂花树最多最密的地方。“千年灵谷寺，万株桂花香”，灵谷景区内的桂树历史悠久、自古闻名。占地1 700亩、种植桂树近2万株的灵谷桂园，为全国最大的桂花专类园。位于无梁殿北侧草坪内的“金陵桂花王”树龄达百年以上，属金桂品种群中的“波叶金桂”，树高6.3米，树干地围

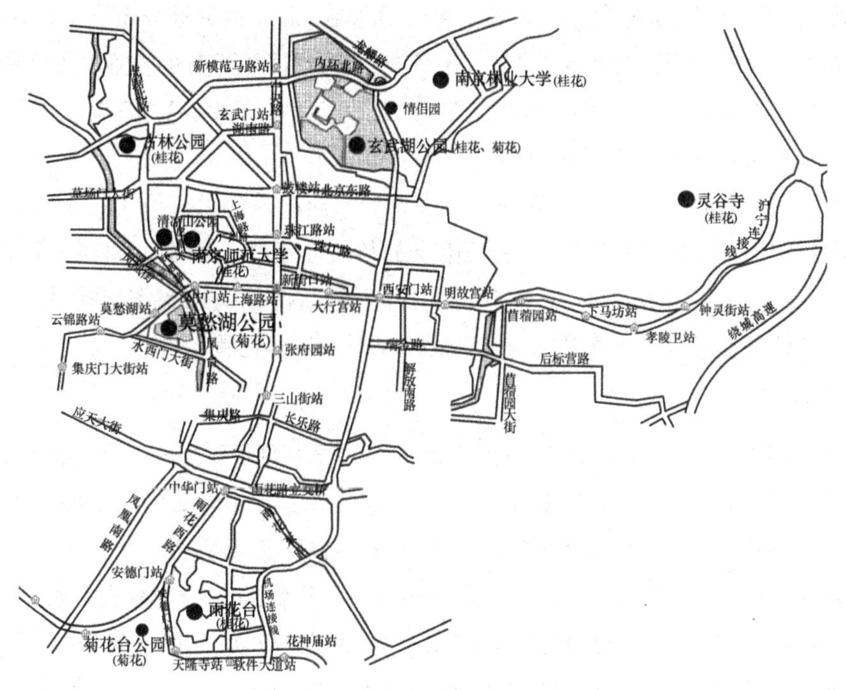

南京秋季赏花地图

1.52 米，树冠阔 7.8 米，独具王者风范，盛开时浓香馥郁，因此这株老树也成了大家争相合影的宠儿。自 1999 年起，灵谷桂花节成为南京人乃至外地游客的共同期待，桂花节期间还会举办多项宗教、艺术活动，给游人带来高雅的艺术享受。另外，也可以去邓演达墓、松风阁、灵谷塔、桂林石屋去赏桂，这些景点的四周都遍植桂树。明孝陵景区的石象路也是金秋赏桂的好去处，600 年前的神道石刻与桂香融合，美不胜收。

玄武湖公园栽植桂花 300 多株，主要品种有金桂、银桂、丹桂，主要赏桂点有环洲郭璞纪念馆旁桂花林、环洲南段环洲公馆附近、梁洲杜鹃山附近、菱洲餐厅旁、翠洲南京市书画院附近、环湖路、情侣园。另外，浦口珍珠泉风景名胜区、雨花台公园、菊花台公园、古林公园、鼓楼公园等公园内，也种植有各类桂花树。

位于玄武湖畔的南京林业大学同样是赏桂胜地。南京林业大学的“全球桂花研究中心”因拥有目前国内较全的四季桂、银桂、金桂和丹桂 4 个品种群、60 多种桂树而备受赏桂人士青睐。另一所高校南京师范大学随园校区里种植了不小规模的桂花树，金秋时节里，在这所素有“东方最美校园”之称的校园里，漫步在亭台楼阁间，花香袭人，沁人心脾。

交通:乘 202 路至灵谷寺公园站下可至灵谷寺;乘地铁 1 号线至玄武门站下可至玄武湖公园;乘公交 2、36、40、44、203 路至新庄站下可至南京林业大学,或乘坐地铁 3 号线至南京林业大学·新庄站下;乘公交 3、109、302、318 路至虎踞关北站下可至南京师范大学随园校区。

餐饮:赏完桂花,当然要品尝一些南京特产的桂花美食了。位于夫子庙景区内的莲湖糕团店,其桂花糕堪称一绝,是南京的传统名小吃。南京人喜爱的鸭馔,也每以"桂花"为名。桂花鸭中的"桂花"二字并不是指桂花鸭的制作与桂花有关,而是说每年桂花盛开季节时的鸭子,色味最佳,故美名"桂花鸭"。

菊花篇

简介:菊花是中国十大名花、花中"四君子"(梅兰竹菊)之一,是经长期人工选择培育的名贵观赏花卉,同时也有食用和药用的用途。赏菊是秋天里的一大赏心乐事,南京城内多家公园都会举办菊花展,开展丰富的赏花活动。

赏花线路:玄武湖公园——莫愁湖公园——菊花台公园——南京农业大学

玄武湖公园之梁州,曾为梁代昭明太子编《文选》的读书处,故有"梁园"之称。现有湖神庙、铜钩井、闻鸡亭、览胜楼、阅兵台等前朝旧迹,特别是在古湖神庙重现了中国历史上最大的皇家档案馆——玄武湖黄册库的壮观景象。玄武湖景区梁洲自 1947 年举办"首都第一届菊花大会"之后,一年一度的菊展便形成了惯例,在每年的 10 月中旬左右,公园会在花坛、花径布置菊花,并在梁州金陵盆景园内展出千余盆、百余种精品菊和菊花盆景、悬崖菊、案头菊等造型菊。在这里,菊花与盆景的相交融,创造出了独特的园林艺术情趣和意境。秋季菊展也成为玄武湖公园继"春季樱花展""夏季荷花展"之后的又一重大花事节庆活动。

莫愁湖公园的菊花虽在数量、规模上比不得玄武湖,但是却胜在"精品"二字,其花卉馆内会展出一些引进的菊花品种,造型独特,别有风味。

菊花台公园位于中华门外石子岗,是南郊著名景点之一,它本来和雨花台山脉相连,称西岗,古时因盛产菊花,而被称为菊花台。据传清时乾隆皇帝下江南,路过安德门,看到菊花台一带金菊盛放,彩霞流影,恍若仙境,遂赐此地"菊花台"之名,目前还有玉乳泉和天隆寺等古迹。而在近代之后,菊花台公园成为了一座纪念性公园,1947 年国民政府在此厚葬了九位因不屈于日本列强而被杀害的外交使节烈士的遗骸,因此这里也一度被改名为忠烈公园。菊花台与相距不远的雨花台,都成为了烈士纪念地,是人们缅怀英雄的重要爱国主义基地。

位于江宁湖熟的南京农业大学菊花基地是赏菊必去的地方。该基地占地 100

亩、设施面积 3.5 万平方米，有专家们精心培育的 3 000 多个菊花品种，其中包括全球品质最好的绿色菊花。这里集赏菊与菊花文化活动于一体，不仅向市民展示盆菊、切花菊、传统大菊、食用菊、茶用菊等不同品种类型的菊花，还融合了菊花摄影、绘画等文化活动。

交通：乘地铁 1 号线至玄武门站下可至玄武湖公园，从南京火车站广场乘明珠号游艇、快艇或游览船可直接进入梁洲；乘地铁 1 号线至安德门站下可到菊花台公园；乘地铁 2 号线到莫愁湖站下，或乘公交 7、13、48、204 路到莫愁湖站下可至莫愁湖公园。

冬 · 冷雪沉香

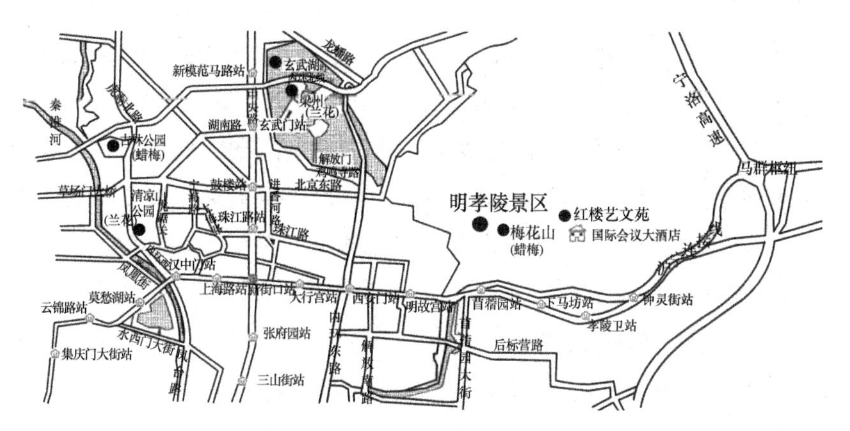

南京冬季赏花地图

蜡梅篇

简介：蜡梅在百花凋零的隆冬绽蕾，斗寒傲霜，适作古桩盆景和插花与造型艺术，是冬季赏花的理想花木。蜡梅的花蕾干燥，又名雪里花，一般在 11 月中旬开花直到次年 3 月左右，花期很长。南京地区的花期往往在每年的 12 月至次年的 2 月。

赏花线路：明孝陵——珍珠泉——古林公园

南京东郊蜡梅以中山陵园风景区为主，主要分布在明孝陵一带，大约有三千余株蜡梅树，在明孝陵陵宫甬道两侧盛开，有素心、乔种、红心等不同品种，从金水桥至宝顶，甬道上暗香扑鼻。明孝陵前的这个蜡梅园面积约 80 亩，荟萃了来自全国各地的 20 多个优良蜡梅品种，品种和规模居南京地区之首。早腊最佳观赏地点在明孝陵东井亭及西井亭旁。另外，位于梅花山东侧的红楼艺文苑内也有不少蜡梅树。

在隆冬季节，珍珠泉湖畔的蜡梅树也是一道典雅的风景，错落于湖光山色中的蜡梅，有着南京其他地方所没有的风韵。

古林公园是南京城内的一大赏梅胜地，历来是南京梅花节的分会场，园内亦辟有蜡梅园。

交通：乘 20、202、203、315 路至明孝陵站下，地铁 2 号线苜蓿园站可到达明孝陵景区；乘坐公交 132、149、21、24、66、818 路至古林公园站下可至古林公园。

餐饮：明孝陵内有南京国际会议大酒店，坐落在海底世界旁，交通十分便利，而身处景区使得它的环境十分幽静清雅，你可以选择赏梅之后到此就餐住宿。

兰花篇

简介：“兰者，君子之花也”，是中国十大名花之一，因南宋赵孟坚隐居画兰以示清高，而被赋予了忠贞的品格，从此成为诗文、画卷中高洁清远的物象。

南京种植兰花的历史悠久，已经成为一种古老的生活传统，很多平民百姓家都会在院子里种几株兰花。1927 年，国民政府南京市参事会第一次常会提出规定本市市徽、市色、市旗、市歌、市花案。其中市花的推选尤为激烈，最终兰花力压牡丹、樱花、梅花，以“喻首都如兰之清而愈香，卓然为群市之冠之意”而被推选为南京市花。虽然经历了时局变幻，南京市花已然不再是兰花，但南京人民珍爱兰花的传统仍在流传，可以说每年春节时去清凉山看兰展，已经成为冬日里除梅花山赏梅之外的另一件赏心乐事。

赏花线路：清凉山公园——玄武湖公园

清凉山，古名石头山、石首山。五代时，南唐后主李煜在山中兴建避暑行宫，后改清凉寺，辟为清凉道场，从此改名清凉山，成为金陵名胜之一，“清凉问佛”在明清时被列为“金陵四十景”之一。目前，清凉山尚有清凉寺、崇正书院、扫叶楼保存下来，与清凉山以西的石头城相连组成了较为完整的观光带。扫叶楼是明末清初著名画家、诗人龚贤的旧居，清凉寺旧址即为前面所提的李煜所建的清凉道场，后毁于战争乱世中，2003 年重建。明嘉靖年间(1522—1566)的崇正书院也与 2007 年重建后向世人开放，力图回归为南京精英文化的传播基地。

清凉山文化在南京历史上占据着重要的位置，以其“雅文化”而与城南夫子庙的“俗文化”相对应，构成了南京特有的文化气质。清凉山的雅与兰花的清幽，仿佛高山流水，两处无言，却能协奏出最美的诗章。清凉山公园在每年的二三月份，会定期举办“海峡两岸兰花展览暨兰文化书画展”，兰展上荟萃了来自海峡两岸与海外的名兰名花，各种天价兰花也成了展览上的亮点，爱兰花的市民还可以在兰花交易会上选购自己心仪的兰花兰草。另外，公园内还同时举办各类兰文化讲座与书画展览，人们可以在欣赏过兰花后，一览墨兰的优雅气韵。

海峡两岸春季兰花展除在清凉山公园的兰苑举办外，也会在玄武湖公园内的梁洲盆景园展出，不仅有传承数百年的传统名兰，更有来自台湾的洋兰和热带兰系列。梁洲为玄武湖五洲之一，是五洲中开辟最早、风景最佳的所在，曾名老洲、美洲，曾为梁代昭明太子读书处，故有“梁园”之称，其故址至今尚留存一口古井。梁洲之上建有金陵盆景园，一年四季精品盆栽展览不断，是南京人节假日里休闲游憩的所在。

交通：乘坐地铁2号线至汉中门站下，转乘公交21路、134路、23路，在虎踞路清凉山站下车，或乘坐公交6路、20路、43路、60路、303路、21路、91路在清凉山站下；乘坐地铁1号线至玄武门站下可至玄武湖公园。

餐饮：清凉山公园内有星湖饭店·凤凰文化会馆，房屋装潢古色古香，雕梁画栋间文化气息浓郁，这里的菜品多以精品淮扬菜为主。玄武湖梁洲有旅游定点餐厅白苑，是玄武湖特色菜肴活鱼宴美食菜馆。

8. 金陵盛事——旅游节庆

【概述】

节日，是一座城市文化传统的缩影，是再现当地风土人情的浮世绘。自古流传下来的春节、元宵、端午、中秋等传统佳节，既有中国传统文化博大的那一部分，同时也显示出浓郁的地方特色。可以说，我们在度过同一个节日的时候，所身处的文化氛围却是千姿百态的。

南京从来不是一座寂寞的城，从年初到年末，人们的生活是被一连串的佳节盛事连接起来的，它是元宵节里最艳丽的那一盏红，是梅花山上最清冷的那一抹香，是牛首山上最灵动的那一片绿，是江心洲上最甜美的那一串紫，是灵谷寺里最幽远的那一株美，是栖霞山上最热烈的那一山叶……

下面将会介绍南京最负盛名的几大节日盛事，它们或与传统的生活习俗相关，或是现代休闲生活理念下的产物。总之，若是在那时来到金陵，便请不要犹豫地去赴一次约，与这座城。

【Introduction】

Festivals are the epitome of the urban tradition and culture, representing folk life and local customs. Chinese traditional festivals are embodied with the most extensive Chinese culture as well as rich local features. And cultural atmosphere varies with the different festivals.

Nanjing has never been a boring and lonely city for its local life bound up with festivals throughout the year. The spring outing in Niushou Mountain has a long history. And Central bar in Nanjing is famous for its grape festival every summer. In the late November, the maple festival of Qixia Temple is to celebrate the season fall. While in winter, Lantern Festival stirs Confucius Temple with auspicious red color and jubilant music, Plum Blossom Festival blows the wind of fragrance from the Plum Mountain to the whole city.

The chapter mainly depicts both traditional and modern life styles and customs. Tourists should not miss them for the better feeling and understanding of Nanjing.

【线路详览】

秦淮灯会

简介:"老南京"有句俗话:"过年不到夫子庙观灯,等于没有过年;到夫子庙不买张灯,等于没过好年。"新年伊始,最牵动南京城的盛事莫过于秦淮灯会了。这项流传自南朝的元宵灯会习俗经历各朝而不衰,明初更是在朱元璋的倡导下,开始享有"秦淮灯彩甲天下"的美誉。2006 年,南京的秦淮灯会入选了第一批国家级非物质文化遗产名录。历史上的秦淮灯会主要分布在秦淮河流域,20 世纪以后集中在夫子庙地区,到现在扩展为以夫子庙、瞻园、白鹭洲公园为核心的"十里秦淮"东侧五里地段以及老门东、大报恩寺遗址公园等老城南地区。灯会从农历新年前夕开始,一直延展到元宵节后,届时会吸引全国各地的游人前来赏灯游乐。"百花疑吐夜,四照似含春""一园灯火从天降,万片珊瑚驾海来"等诗句是古代文人骚客对秦淮河畔流光溢彩景象的赞美吟咏。乘坐画舫荡漾于秦淮河上,观赏精美的水上灯组,是秦淮灯会上最令人神往的场景。由于秦淮灯会的范围较广,为更全面地领略金陵传统民俗活动,特设计了两条游线,贯穿夫子庙、秦淮河、老门东、中华门瓮城等主要的灯会展区,融合了儒学文化、秦淮文化等传统文化。

时间:1 月—2 月

交通:乘坐地铁 1 号线至三山街站下,或乘坐地铁 3 号线至夫子庙站下,都可抵达瞻园;乘坐地铁 1 号线至中华门站下可至中华瓮城(元宵节当夜交通拥挤,乘坐地铁、公交可能会有限停的情况,务必做好事前的准备工作)

线路一:瞻园——东牌楼——贡院街——大成殿——江南贡院——夜泊秦淮观彩灯

如果乘坐地铁 1 号线前往夫子庙景区,可以选择从 4 号口出站,右转进入金沙井,向东走至中华路右转,便能看到瞻园路口的夫子庙牌坊。走进瞻园路,两旁栽种着南京标志性的行道树悬铃木，在夜色下深影重重，荫蔽着古色古香的仿古路灯和商店招牌。瞻园是南京现存历史最久的一座园林。每年秦淮灯会期间，这座名园也张灯结彩，作为灯会的分会场，为夜游古典园林增添了别样的风味。离开瞻园沿瞻园路继续向东走，右手边便是东牌楼路，在灯会上主要用作展示秦淮传统纸扎灯，有着庙会般的热闹，人群熙熙攘攘。游人可以一边赏灯，一边品尝秦淮小吃。

东牌楼路的东北方向便是贡院街，是此条线路的重要游览地段，包含大成殿、江南贡院等南京著名文化景点。时值新年，此时的贡院街上或许已经摆出了年货大阵，南北干货，奇珍异食，琳琅满目，还有应景的纸扎彩灯，充满了浓郁的中国年味。沿贡院街直行到秦淮河畔，一座刻有“天下文枢”四字的石牌坊映入眼帘，与其正对的便是南京夫子庙。在秦淮灯会期间，以大成殿为中心，会展出与儒学文化相关的主题灯组，作为元宵节的传统娱乐活动，在孔庙内还会举办丰富精彩的猜灯谜活动。游览过大成殿和孔庙，当然不能错过另一座重要的文教建筑——江南贡院。此时可以选择继续沿贡院街方向直走，左拐进入夫子庙步行街，便可抵达江南贡院。这里展示的灯组多与科举文化相关。

结束了在夫子庙和江南贡院的灯会部分，接下来不可错过的便是在辞旧迎新的腊月，乘坐古色古香的画舫泊于秦淮河之上，沿途欣赏精美的水上灯组。水上灯组多与秦淮河诗词文化相关，“船在灯中行，人在灯中游”，仿佛身处一幅极状南都繁华之景的古画卷之中。一路上，游人还可以欣赏到泮池、白鹭洲公园、东水关、桃叶渡等古遗址。

线路二：中华门瓮城——老门东——江南贡院——大成殿——夜泊秦淮观彩灯——贡院街——东牌楼

与上一条线路相比，这条灯会线路扩展了传统的赏灯范围，从中华门瓮城沿明城墙一直到老门东历史街区。加入了老城南的元素，并有明城墙的宏伟映衬，这条线路显得更加层次鲜明，不拘一格。

近年来，随着秦淮灯会对外吸引力不断扩大，原本的夫子庙地段的灯会已经不能满足南京市内外游人的需求了，连通十里秦淮的水上灯会，加上依傍中华门明城墙的空中灯展，使南京的秦淮灯会实现了立体布展的格局。

乘坐地铁1号线至中华门站下，可步行前往中华门。这座城门是明十三座城门之一，位于南京老城的正南方，是重要的交通要道，也是曾经的城市堡垒，在日本侵华战争中发挥了重要的保卫作用。秦淮灯会期间，游人可登上明城墙，俯瞰满城灯火通明，欣赏造型各异的空中彩灯，而远处的老门东历史街区也装扮一新。老门东历史街区自 2013 年起开始成为秦淮灯会的主展区。老门东的仿古民居建筑，加上随处可见的民俗表演，为秦淮灯会增添了丰富的表现元素，使得这里成为南京城“年味”“文化味”最浓的地方之一。届时，来自全国各地的彩灯艺术纷纷上演，游人还可以去茶馆戏楼去欣赏南京白局、白话、古琴、相声、皮影戏、吊吊戏等地方曲艺和音乐。

离开老门东，可步行前往夫子庙景区。沿箍桶巷往北走进入来燕路，经过媚香楼、乌衣巷、王谢古居，穿过来燕桥，夫子庙秦淮灯会便跃然眼前。江南贡院、大成殿无疑是最具人气的赏灯去处，人们走在沉积千年历史的古迹间，流光溢彩的灯火照亮了原本黯淡的屋角，也带领着游人重温曾经的民俗文化。离开大成殿，正好可以前往画舫码头，乘坐画舫来一次水上赏灯的体验，从泮池经过白鹭洲公园，抵达东水关遗址后再返回泮池，虽行程不长，但秦淮河的“桨声灯影”已可见一斑。此时，来到热闹的贡院街上，买几盏手扎彩灯，享受老南京的浓郁年味。

美食与住宿：

不管是线路一，还是线路二，位于夫子庙景区内的秦淮小吃城都是首选之地，这里集聚了不同风味特色的小吃，另外在贡院街上也分布有其他的西式简餐等，供不同口味的游人选择。

如果选择了线路二，那么就去老门东大快朵颐吧。根据景区地图的指示，可以找到多家餐厅，既有南京本地美食，也有风靡各地的小食，另外老门东还有茶馆、相声社等，游人也可以选择去听听戏曲、相声，稍作休憩。

南京国际梅花节

简介：梅花作为我国传统名花，栽培历史悠久，深受人民群众的喜爱，冬春之交赏梅是一大雅事和乐事。据考证，南京植梅最初始于六朝，历经各朝而不衰，新中国成立之后梅花更成为南京市的市花，南京市民对于梅花的喜爱可见一斑。南京国际梅花节自 1996 年开始，每年 2 月中下旬至 3 月举办，届时主会场梅花山和十多个分会场会举办盛大的梅花节系列活动，集赏花、旅游、休闲、商贸于一体，被国家旅游局列为国家级的旅游节庆活动项目。

时间：2 月—3 月

主会场

地点：梅花山

交通：乘 20、202、203、315 路至明孝陵站下，或乘坐地铁 2 号线至苜蓿园站下

可到达明孝陵景区,步行约 10 分钟即可到达梅花谷南门

梅花山地处国家首批 5A 级景区中山陵风景名胜区内,紧邻世界文化遗产明孝陵,周边还有灵谷寺、紫金山天文台、中山植物园等一系列知名景点。梅花山,原名孙陵岗,由于东吴孙权葬此岗而得名。1929 年孙中山安葬在紫金山,陵园管理委员会把此地辟为孙中山先生纪念性植物园蔷薇花木区,开始大规模种植梅花,因此得名。梅花山南扩后,赏梅景区一直延伸至明孝陵石象路,中山陵园大道以及沪宁高速连接线,并与明城墙风光带、前湖等景点接壤,让赏梅基地由一座山头——梅花山变为整个紫金山西南部山谷——梅花谷,由 513 亩增加到 1 533 亩,面积上已晋升为“天下第一梅园”。作为南京国际梅花节的主会场,梅花山在梅花节期间会安排丰富的赏梅游园活动,包括开幕式演出、大型文艺演出、摄影书画作品展、历史史料展、商贸展览会等,以及市民百姓乐于参与的民俗活动。想要欣赏“龙蟠胜地,春风十里梅花”的景观,梅花山是必须一游的选择。

分会场

地点:玄武湖公园

交通:乘地铁 1 号线至玄武门站下可至玄武湖公园

作为梅花节的重要分会场之一,玄武湖公园将梅花与旖旎的水景结合起来,开辟了独具特色的水上赏梅路线,结合陆上看花赏梅的电瓶车游览专线,实现了水陆两栖同时穿梭花海的立体赏花格局。另外,在梅花节期间,园中还会举办梅花盆景展览、插画表演等活动。

地点:古林公园

交通:乘坐公交 132、149、21、24、66、818 路至古林公园站下

古林公园位于南京市鼓楼区虎踞北路 21 号。南北朝时,古林公园一带广植海棠与梅花,风景秀丽,名噪一时,赏梅者络绎不绝。古林公园是南京主城内最大的赏梅景点,每年都会举办“梅展”,一般有梅桩造景展、插花邀请赛、迎春梅花展等活动。

地点:溧水傅家边

交通:乘坐地铁 1 号线或地铁 3 号线至南京南站,再坐开往溧水方向的客车可至溧水县城

相比梅花山、古林公园和玄武湖公园等传统的赏梅胜地,位于溧水区的傅家边景区作为后起之秀,在近来年成为南京梅花节最南端的分会场。在梅花节期间,开车去溧水傅家边科技园看“万亩七彩梅花”已经成为南京市民新的节日活动。傅家

边景区地处丘陵地带，这就使得游人只要站在高处，就能看到漫山遍野的梅花，一览无遗的花海显得比城市里的梅花更加奔放热烈。另外，傅家边景区内还有一个风景绝美的“山凹村”，以地道的溧水农家美食著称，人们可以在赏梅之余，品尝农家风味。

南京“春牛首”踏青节

简介：南京素有“春牛首，秋栖霞”之说，春光秀丽的牛首山和红枫漫野的栖霞山，是南京人心中永远不可错过的美景，也是南京人千年来的民俗。自 2000 年以来，南京雨花区每年都会举办“春牛首”踏青节，在以牛首山为龙头的金陵南郊风景区开展以踏青为主题的文化活动，并配合举办其他相关旅游活动。

时间：3 月—5 月

地点：牛首山森林公园

交通：乘坐 111、112、113、88 路和新善线公交车到达南郊景区

“春游牛首”是南京的传统习俗，清乾隆年间（1736—1795）“牛首烟岚”被列入“金陵四十八景”中。春天时去牛首山踏青，邀集两三好友看桃花，已成为南京人每年的固定节目。牛首山森林公园位于南京南郊风景区内，由牛首山、将军山、祖堂山等组成，风景秀丽，人文古迹遗存丰富。东晋时，牛首山便出现在文人的诗文记载中，后相继改名为“天阙山”“仙窟山”。南朝梁代因佛教盛行，牛首山南建有佛窟寺（今宏觉寺），唐代又添建宏觉寺塔，这也便成为牛首山佛教文化的起源。如今重建后的牛首山，更加突出了佛教文化的底蕴，禅韵深厚，空灵隽永。南郊风景区内休闲农业旅游发展较快，踏青节期间会开展农家乐、采茶等多项趣味性较强的旅游活动；而南郊丰富的人文景观，也吸引了青少年前往开展科考游。

南京礼佛节

简介：南京是中国古代佛教出现最早的城市之一，与佛教渊源颇深。2011 年起，在农历四月份，南京各大寺庙都会迎来一年一度的金陵礼佛节，在长达一个月的礼佛月里，鸡鸣寺、栖霞寺、灵谷寺等寺庙都会开展佛事活动，并举办相关的佛教文化活动。

时间：4 月—5 月（农历四月）

地点：南京各大主要寺庙（栖霞寺、灵谷寺、鸡鸣寺）

交通：乘 138、326、327、南栖线到栖霞山（寺）站下可至栖霞山；乘 202 路至灵谷

寺公园站下可至灵谷寺；乘坐公交31、15、48、70、201、203路可达鸡鸣寺，或乘坐地铁3号线至鸡鸣寺站下。

众所周知，南京是一座拥有两千多年建城史的城市，被称为六朝古都、十朝都会，人们可以对它的历史沿革如数家珍，可以信手拈来数十个历史古迹的名称。而且，南京还是一座与佛教文化有着千丝万缕关系的城市，佛教在这座城市已经有近1 800年的发展历史，南京既是古代中国出现佛教活动的最早城市之一，也是近代中国佛教文化的传播、研究中心。如今，南京有关佛教的印迹被历史冲刷掉不少，但是“南朝四百八十寺，多少楼台烟雨中”的盛景一直存于这座城市的记忆中，是南京城市文化的又一鲜明注脚。

谈到南京的佛教文化，首先不得不提及的是栖霞古寺。这座六朝古刹位于南京栖霞山主峰凤翔峰西麓，千百年来，香客游人络绎不绝。栖霞寺始建于南齐，由于帝王的推崇，当时佛教极为盛行，在整个江南地区呈现出繁荣的局面。栖霞寺的千佛岩石窟造像便是南朝时佛教蓬勃发展的象征，这组石窟造像始建于与云冈石窟的同时期，是我国南方开凿最早、规模最宏伟的佛窟群，全山先后开凿了294个佛龛，造佛菩萨像共550尊，号称千佛岩。无量殿为千佛岩最早最大的佛龛，供奉有无量寿佛，是江南地区极为罕见的保有南朝佛像原韵的文物。南京供奉佛舍利历史悠久，也是中国历史上瘗藏圣物最早、最多的城市。在栖霞寺便供奉有“佛门三宝”，包括释迦牟尼佛真身顶骨舍利及感应舍利、诸圣舍利，佛顶骨舍利象征着佛祖，佛祖的感应舍利象征着佛法，诸圣舍利象征着生众，在礼佛月期间，香客游人可前往膜拜，祈求众生安乐幸福。

在南京，另一座影响较大的寺庙是灵谷寺。它位于灵谷寺景区，与中山陵景区和明孝陵景区相毗邻。灵谷寺自南朝开山建院已有1 500年的历史，原名开善寺，梁武帝萧衍葬宝志法师于此，为水陆法会发祥地之一。明太祖朱元璋定都南京后，亲自赐名为“灵谷禅寺”，并封其为“天下第一禅林”。灵谷寺内古迹遗存众多，有建于明洪武年间（1368—1398）的无梁殿，整座建筑全用砖石砌成，无梁无椽，至今已有600多年历史，另外还有供奉玄奘顶骨舍利的玄奘舍利塔，在礼佛节期间向市民游客开放瞻仰膜拜。

礼佛月里还可以去鸡鸣寺看看，这座古刹坐落于玄武区鸡笼山上，在南朝宫苑旧址范围内。鸡鸣寺始建于西晋，自古有“南朝第一寺”“南朝四百八十寺之首寺”的美誉，是南朝时期中国南方的佛教中心。鸡鸣寺历史悠久，流传着梁武帝四次舍身寺院的轶事，更因浓郁的佛教文化底蕴，而成为南京城内香火最为旺盛的古寺。

在礼佛节期间，鸡鸣寺内也会开展相关的佛教文化活动。

江心洲葡萄节

简介：江心洲位于南京市西南方向的长江之中，隶属建邺区，因形状似梅子，又被称为梅子洲，但江心洲上盛产的不是梅子而是葡萄。自 1999 年以来，江心洲在每年的七八月份都会举办葡萄节，并开展相关的农业休闲旅游活动，是南京最具人气的夏日节庆活动之一。

时间：6—8 月

地点：江心洲

交通：江南从夹江大桥可以免费进入江心洲，也可以从轮渡过江，江北车辆可从隧道进入江心洲；另外还可乘坐地铁 10 号线至江心洲站下。

江心洲是南京西南长江之中的冲积沙洲，原来是焦山寺僧收租地，故曾被称为和尚洲、和畅洲，1949 年改名为江心洲，并沿用至今。江心洲自上世纪 90 年代以来开始发展农业休闲旅游，当地淳朴的民风和雄丽的滨江风貌，使江心洲成为南京长江中的一颗明珠。在每年的江心洲葡萄节期间，游客可以采取乘坐轮渡、地铁、驾车等多种交通方式进岛，体验采摘和品尝葡萄的乐趣，另外还可以去民俗村感受浓郁的风土人情，到望江楼公园感受长江的秀美壮观。

莫愁烟雨文化节

简介：莫愁烟雨文化节是兴办于本世纪初的一项城市休闲节庆活动，在每年的九、十月份于莫愁湖公园举办，是一项以莫愁文化为核心，以各项民俗活动为载体，带领游客和市民亲身参与体验莫愁民俗文化的现代节庆。

时间：9 月—10 月

地点：莫愁湖公园

交通：乘地铁 2 号线到莫愁湖站下，或乘公交 7、13、48、204 路到莫愁湖站下可至莫愁湖公园。

莫愁湖公园位于今南京市建邺区水西门外大街 194 号，是一座有着 1 500 年悠久历史和丰富人文资源的江南古典名园。莫愁湖地名最早出现在明正德辛巳年间（1521）增修的《江宁县志》上：“莫愁湖，在县西京城三山门外。莫愁卢氏妓，时湖属其家，因名。”莫愁湖自古有“江南第一名湖”“金陵第一名胜”之称，民国时莫愁湖以“莫愁烟雨”被列为“金陵四十八景”之首。

自古以来，莫愁湖都流传着有关莫愁女的故事，今莫愁湖公园内还塑有莫愁女的汉白玉塑像，为南京标志性景点之一。另外，公园内的胜棋楼同样也是一座著名历史古迹，相传明太祖朱元璋与重臣徐达在此对弈，后将当时的胜棋楼和莫愁湖花园赏给了徐达，其子孙一直掌管着莫愁湖湖产直到近代。

除了这些历史传说，莫愁湖公园还是一座景色别致、风景优美的古典园林，每年在这里举办的海棠花会和荷花节，都会吸引游人市民到此游玩赏景。这些人文自然风光都构成了莫愁湖别样的“莫愁烟雨文化”，它上至文人，下至白丁，深厚的文化内涵至今仍在散发着魅力。

在莫愁烟雨文化节期间，公园内各种活动精彩纷呈，既有展现民间民俗技艺的传统文化活动，还有亲近现代人生活的游园会，另外还有摄影、书画展览等文化活动，加上公园举办的荷花展、桂花展和菊花展，莫愁湖公园以形式多样的民间文化活动，带领游客在体验中传承和发展莫愁文化。

灵谷桂花节

简介：桂花是中国传统十大花卉之一，花期在每年的9月前后。南京人喜爱桂花，不仅是把它当成观赏树对待，更是把桂花融入到美食中，诸如桂花茶、桂花糖等已成为名产。南京市每年都会在灵谷景区内举办桂花节，吸引众多游客到灵谷寺品秋赏桂。

时间：9月—10月

地点：灵谷寺

交通：乘地铁2号线至下马坊站下或乘202路至灵谷寺公园站下可至灵谷寺

“千年灵谷寺，万株桂花香”，灵谷景区内的桂树历史悠久，自古闻名。位于钟山风景区的灵谷寺，目前是南京种植桂花树最多最密的地方，其内的灵谷桂园是全国最大的桂花专类园。灵谷寺本身也是六朝名胜，古称“灵谷深松”，为“金陵四十八景”之一，其历史渊源与明太祖朱元璋建明孝陵有关。朱元璋将原位于钟山西麓的六朝名刹开善寺迁到这里，并更名为灵谷寺。民国时期，国民政府在灵谷寺旧址上修建了国民革命军阵亡将士公墓，最终成就了人们现在所看到的灵谷寺景区。

桂花节期间，灵谷寺景区与周边的中山陵景区会共同举办一系列的主题文化活动，并突出灵谷寺的佛文化特色，在游园赏桂的同时，开展吉祥撞钟活动，举办祈福法会等。另外，游客还可以在这时候品尝由灵谷寺庙提供的素食，特别是南京有名的桂花食物。

南京秋栖霞红枫艺术节

简介：“春牛首，秋栖霞”，后半句中的栖霞便是指南京栖霞山风景区，它以其金秋时节里的漫山红枫吸引了广大市民游客。自2001年起，栖霞山风景区在每年的10月底至12月份举办红枫艺术节，是南京人在秋日里结伴出游的绝佳去处。

时间：11月—12月

地点：栖霞山

交通：乘138、326、327、南栖线到栖霞山（寺）站下可至栖霞山

栖霞山是我国五大红叶观赏风景区之一，被誉为“金陵第一明秀山”。“栖霞丹枫”更是被列为金陵新四十景之一。栖霞山最好的枫叶观赏时间通常在11月份中下旬到12月份中上旬，这个时候的栖霞山是名副其实的“霜叶红于二月花”，有着漫山层林尽染的火红。栖霞山的天开岩景区、话山亭、太虚亭、碧云亭、陆羽茶庄等处，被公认为观赏红叶的最佳地。在红枫节期间，景区内还会举办民俗、武术、杂技、民乐等表演活动，并举办“红枫杯”摄影、征文、知识竞赛等系列活动。